EXAMEN DU PROJET DE LOI

SUR LA

PROPRIÉTÉ LITTÉRAIRE

ET ARTISTIQUE

PRÉCÉDÉ D'UNE DISSERTATION SUR L'IMPERFECTION
DE NOTRE DROIT PRIVÉ
ET LA MÉTHODE A SUIVRE POUR ÉVITER A L'AVENIR LES DÉFAUTS
QUI LE DÉPARENT

PAR

M. FRÉDÉRIC MOURLON

Avocat à la Cour impériale de Paris, Docteur en droit.

> Parmi les droits primordiaux, il n'y en a point
> de plus évident, de plus éminent, de plus sociale-
> ment fécond que la faculté de copier les produits
> des inventeurs industriels, agricoles, scientifiques,
> littéraires ou artistiques ; de les perfectionner s'il
> se peut et de céder à d'autres, contre argent, les
> produits similaires ou perfectionnés que nous
> tirons de notre propre travail.

PARIS

MARESCQ AÎNÉ, LIBRAIRE-ÉDITEUR

17, RUE SOUFFLOT.

1864

EXAMEN DU PROJET DE LOI

sur

LA PROPRIÉTÉ LITTÉRAIRE

ET ARTISTIQUE

Imprimé par Charles Noblet, rue Soufflot, 18.

EXAMEN DU PROJET DE LOI

SUR LA

PROPRIÉTÉ LITTÉRAIRE

ET ARTISTIQUE

PRÉCÉDÉ D'UNE DISSERTATION SUR L'IMPERFECTION
DE NOTRE DROIT PRIVÉ
ET LA MÉTHODE A SUIVRE POUR ÉVITER A L'AVENIR LES DÉFAUTS
QUI LE DÉPARENT

PAR

M. FRÉDÉRIC MOURLON

Avocat à la Cour impériale de Paris, Docteur en droit.

Extrait de la REVUE PRATIQUE DE DROIT FRANÇAIS
(TOMES XVII ET XVIII)

PARIS

MARESCQ AÎNÉ, LIBRAIRE-ÉDITEUR

17, RUE SOUFFLOT.

1864

FRAGMENTS LÉGISLATIFS. — EXAMEN DU PROJET DE LOI SUR LA PROPRIÉTÉ LITTÉRAIRE ET ARTISTIQUE.

PREMIÈRE PARTIE.

FRAGMENTS LÉGISLATIFS.

Imperfection de notre droit privé. — Comment on fait la loi et comment on devrait la faire.

> « Le Code civil est comme un cadre destiné à recevoir toutes les idées qui jailliront de la discussion publique dont il sera l'objet. Le soin de les rassembler est réservé à d'autres. Nous léguons ce devoir à nos successeurs. Moins battus que nous par les tempêtes révolutionnaires, ils pourront à loisir mettre la dernière main à un monument fait pour traverser les siècles. Nous aurons eu la satisfaction de leur avoir désigné le but; ils auront la gloire de le toucher: »
>   (JACQUEMINOT.)

> « Nous voudrions que nos hommes d'Etat adoptassent les institutions libérales de la Grande-Bretagne. Or, en Angleterre, les questions les plus importantes sont mises à l'épreuve des discussions publiques, qui sont comme autant de rouages qui épluchent, broient et pétrissent la matière *avant qu'elle passe au grand laminoir parlementaire.* »
>   (NAPOLÉON III.)

1. — L'étonnante mobilité, l'innombrable quantité et l'extrème imperfection de nos lois ont été dans tous les temps un facile sujet d'observations très-judicieuses et de spirituelles exagérations. C'est l'un des thèmes les plus aimés de Montaigne. Je n'ai pas besoin de dire que les considérations qu'il ac-

cumule sur ce chef de ses *Essais* sont parfois pleines d'une
sage et très-saine philosophie ; mais je cesserais d'être vrai
si je ne me hâtais, quoi qu'il m'en coûte, d'ajouter qu'il n'est
point toujours, en cette matière, resté dans les bornes d'une
exacte mesure.

« Nous avons en France, dit-il, plus de lois que tout le
« reste du monde ensemble, et plus qu'il n'en faudrait pour
« réglementer tous les mondes d'Épicurus... » (liv. III,
« chap. XIII).

« Ces lois, ajoute-t-il, sont souvent faites par des sots ; plus
« souvent par des gens qui en haine d'égualité ont faulte d'é-
« quité ; mais toujours par des hommes vains et irrésolus. Il
« n'est donc rien si lourdement, ni si largement, ni si ordi-
« nairement faultier que les lois... »

« Il y en a plusieurs qui sont monstrueuses et barbares.
« Considérez la forme de cette justice qui nous régit : c'est
« un vrai témoignage de l'humaine imbécillité... ». (liv. II,
chap. XVII, et liv. III, chap. XIII).

« Pourtant, selon mon humeur, il n'est aucun si mauvais
« train, pourvu qu'il aye de l'âge et de la constance, qui ne
« vaille mieux que le changement et le remuement : pour la
« difficulté de nous mettre en meilleur état et le danger de
« ce croulement, si je pouvais planter une cheville à notre
« roue et l'arrêter à ce point je le ferais de bon cœur.

« Il est bien aysé d'accuser d'imperfections une police, car
« toutes choses humaines en sont pleines ; il est bien aysé d'en-
« gendrer à un peuple le mépris de ses anciennes observa-
« tions : jamais homme n'entreprint cela qui n'en vint à bout ;
« mais d'y rétablir un meilleur état, à ceci plusieurs se sont
« morfondus de ceux qui l'avaient entreprins... » (liv. III,
chap. XIII).

« Donc il y a grand doute s'il se peut trouver si évident
« profit au changement d'une loi reçue, *telle qu'elle soit*, qu'il
« y a de mal à la remuer. Le législateur des Thuriens ordonna
« que quiconque vouldrait ou abolir une vieille loi, ou en
« établir une nouvelle, se présenterait au peuple la corde au
« col ; afin que si la nouvelleté n'était approuvée d'un chacun,
« il fût incontinent étranglé... » (liv. I, chap. XXII).

2. — Voilà une bonne fable ! A la prendre au mot, que de
morts violentes l'histoire aurait à enregistrer ! Montaigne

assurément ne péchait point par l'audace : sa prudence et sa réserve sont celles des sages ; mais quoique son génie fût comme éclairé d'une lumière divine, ce n'est point sous le frisson de la fièvre qu'il eût passé de vie à trépas si, au lieu de le faire vivre sous la douce liberté française, Dieu en eût fait l'un des sujets de ce malicieux législateur des Thuriens. Vainement se dit-il « dégousté de la nouvelleté. » Nul ne poussa plus avant que lui l'amour « du remuement. » Sous la féconde influence de sa libre morale, la philosophie et la politique, prenant leur essor, entrèrent hardiment dans la voie des réformes. Les grandes idées de 89 sont, pour la plupart, en germe dans ses immortels *Essais*. Néanmoins cet esprit, quoique « si gentil, droiturier et courageux, non d'une vertu superstitieuse, mais philosophique et généreuse, » ne sut point toujours penser juste. La raison même l'inspire lorsqu'il nous enseigne qu'il ne faut point toucher légèrement aux choses établies. Quand il expose que de même que toutes choses humaines les lois sont pleines d'imperfections, la vérité parle par sa bouche. S'il ajoute que bien qu'imparfaites il les faut aimer et respecter tant qu'elles existent, il exprime un conseil divin, « car c'est la règle des règles et générale loi des lois que chacun observe celles de la société dont il est membre. » Mais soutenir que, pourvu qu'elles aient leur appui « dans la barbe chenue de l'usage, » il n'est point de lois *si mauvaises* qui ne vaillent mieux que celles par lesquelles on les voudrait remplacer, puis, poussant droit sa donnée, en conclure qu'il est sage de planter une cheville à la roue du mouvement social et d'immobiliser la société dans l'erreur ou l'abus, n'est-ce point exagérer jusqu'à l'absurde l'amour du paradoxe et mériter, par le déréglement de sa pensée, la peine de la strangulation ? Rien n'égale en sottise cette ridicule opiniâtreté aux choses du passé, si ce n'est peut-être cette affreuse maladie que nos contemporains ont si spirituellement appelée la *légomanie*. Malheur aux peuples que ces insignes folies conduisent : ceux-ci périssent par l'excès de leur lâcheté, ceux-là par l'excès de leur audace !

3. — Ce n'est point moi qui prendrai plaisir à déprécier nos Codes : j'ai appris à les aimer en apprenant à les connaître. ils appartiennent, je suis heureux d'en convenir, aux grands

monuments de ce siècle ; mais quelle œuvre sortit jamais complète et absolument achevée des mains de l'homme ! Si, dès l'origine, l'intelligence humaine avait pu atteindre la perfection dont elle est susceptible, les lois eussent été parfaites dès le principe. Mais Dieu n'ayant fait l'homme que *perfectible,* le droit que l'homme établit ne peut s'élever que progressivement, je veux dire proportionnellement aux connaissances qu'il acquiert.

Notre législation a donc ses imperfections. Ceux qui l'ont étudiée, pratiquée ou subie, savent les mille défauts qui la déparent, ses injustices, ses inconséquences, ses bizarreries, ses lacunes, non moins innombrables que ses superfluités, et, sur les matières même les plus graves, ses impénétrables obscurités. La morale, l'équité, l'économie politique, la philosophie, la logique, la grammaire, toutes les sciences, le bon sens lui-même, tout l'esprit du temps ont à y reprendre, corriger ou ajouter quelque chose d'essentiel. Elle ne serait bientôt plus qu'une ruine ou une chose informe si, pendant que tout marche, s'élève, s'agrandit et se perfectionne autour d'elle, on la laissait stationnaire et comme immobilisée dans la honte des vices qui la rongent.

4. — L'heure des réformes est, par conséquent, proche ; elle est venue même, si j'en juge par les lois qui, chaque jour, viennent modifier l'un ou l'autre de nos Codes, et par les projets de toutes sortes dont le gouvernement poursuit l'étude.

J'applaudirais des deux mains à ce mouvement législatif, si je n'avais certaines craintes propres à tenir mon enthousiasme en réserve.

Ce qui me frappe tout d'abord et surtout m'attriste, c'est cette inexplicable persistance du législateur à se détourner des réformes qui, par quelque côté, touchent, même indirectement, aux *questions d'état*, je veux dire aux conditions diverses de l'homme dans sa famille.

Nous sommes, j'en fais l'aveu, fort attachés au bien-être matériel : devenir ou rester *riche*, voilà le rêve des moins ambitieux.

A parler franc, j'aime cette ardeur qui incessamment nous pousse soit à créer des biens nouveaux, soit à conserver les biens acquis. Nous lui devons les prodiges, toutes les conquêtes de notre siècle. C'est grâce à elle qu'il nous a été donné de centupler la durée de la vie, en centuplant, par la suppression des distances, les heures que nous affectons à notre activité. Elle a fait l'homme si puissant qu'il a pu, après avoir dompté les mers, asservir la foudre et se l'approprier. Gardons-nous dès lors d'en médire.

Donc, quand le législateur remanie les règles particulières aux saisies, il fait bien. Il fait mieux encore lorsqu'il simplifie les ordres en matière hypothécaire. J'applaudis à son effort lorsque je le vois organiser la publicité des droits réels et soumettre à de nouveaux principes le règlement des sociétés commerciales. S'il ramène à de justes limites nos délais de procédure, je me réjouis encore. Faciliter la circulation des capitaux, assurer la sécurité des transactions qui les déplacent, rendre plus économiques et plus promptes les procédures par lesquelles on les recouvre, c'est donner satisfaction aux aspirations légitimes de notre époque, c'est fonder le crédit. En entrant dans cette voie, le législateur, j'aime à le reconnaître, a bien mérité du pays.

5. — Mais a-t-il assez fait? La France est-elle si passionnément préoccupée d'affaires, a-t-elle pour ses intérêts pécuniaires une prédilection si exclusive, qu'on doive, la supposant uniquement affolée de richesses, concentrer son effort sur ses entraînements financiers? J'admets que, tout absorbée par les âpres convoitises du gain, ne rêvant tout le jour qu'aux moyens de gagner encore, elle ne voie et ne sente rien au-delà des jouissances matérielles : ce qu'il y aurait alors, ce me semble, de plus pressé à faire, ce serait d'éveiller en elle des aspirations d'un autre ordre et de la convier, par de sages et morales réformes, aux joies du foyer domestique. Mais laissons là cette désolante supposition. La réalité est tout autre. Jamais l'homme n'a mieux compris, aimé et pratiqué ses droits et ses devoirs de père, d'époux ou d'enfant. Tout lui vient de sa famille, et il rapporte tout à elle. C'est elle qui le console quand il souffre, qui le fortifie et le relève quand son courage est abattu ; c'est par elle que se développent toutes les délicatesses qui sont en lui et que sa conscience se purifie. Par elle et pour elle il se rend industrieux, philosophe ou poète. Elle est le principe de sa force, la source de sa sagesse, le sceau de son génie. Dois-je dire dès lors quels froissements doulou-

reux viennent l'atteindre lorsque, par son insuffisance, ses obscurités ou ses inconséquences, la loi l'irrite ou le blesse dans sa condition de père, d'époux ou d'enfant? Ai-je besoin d'ajouter que, si le législateur doit, même quant aux matières les plus vulgaires, s'efforcer d'atteindre cette perfection relative dont les lois sont susceptibles, à bien plus forte raison la doit-il poursuivre sans faiblesse et sans repos dans le règlement de la famille? Or, c'est une opinion universellement reçue que rien dans notre Code n'est si lourdement, ni si largement, ni aussi essentiellement « faultier, » que sa législation sur l'état et la capacité des personnes. Peut-être pourtant en faut-il excepter ses dispositions sur la quotité disponible, son règlement des rapports pécuniaires entre époux, et enfin son système de succession quant aux parents naturels. De par ce triple chef, j'ose dire qu'il attriste, par la gravité, l'étrangeté et le nombre de ses lacunes, de ses obscurités, de ses inconséquences et quelquefois même de ses injustices, tous ceux qui, en ayant fait l'objet d'une étude approfondie, ont pu le juger jusque dans ses plus minutieux détails.

Le moment est donc venu de porter notre attention et notre effort vers cette partie de notre législation. A mon avis même, il serait à désirer qu'on le remaniât en son entier afin d'en faire un corps jeune et sain. Une telle réforme est de celles que Bacon appelait *héroïques*. Peut-être tentera-t-elle ceux qui, selon l'expression de Portalis, sont assez heureusement nés pour pénétrer d'un coup de génie et par une illumination soudaine toute la constitution d'un État.

6. — J'admets que mon espérance vise trop haut : notre Code, je le veux bien, devra être religieusement respecté quant au fond et dans son esprit; tout au moins m'accordera-t-on qu'il est indispensable et très-urgent de le rendre aisément et sûrement *intelligible*. Certaines difficultés hypothécaires ayant résisté aux efforts réunis de la jurisprudence et de la doctrine, des lois ont été faites pour les résoudre. Or, si ces réformes ont obtenu l'assentiment général, combien seront mieux reçues encore les dispositions par lesquelles notre Code de la famille sera enfin rendu assez lumineux pour être compris, je ne dirai point, quoique cela fût fort désirable, par tout intéressé à le connaître, mais au moins par ceux qui, par

leurs fonctions, ont le droit et le devoir de l'interpréter ! Qui de nous ne s'est senti pris de tristesse au spectacle de ces procès où la filiation se trouve chaque jour mise en question, non point seulement en fait, mais *en droit?* N'est-ce pas une chose vraiment déplorable que des questions de cette importance soient entourées d'obscurités à défier la patience et le labeur d'un jurisconsulte bénédictin? Ajouterai-je que le pouvoir du père de famille sur ses biens donne lieu à de telles difficultés d'interprétation qu'après un demi-siècle employé à les résoudre, aujourd'hui encore, il est absolument impossible, en certains cas, de déterminer avec précision la portion de patrimoine dont la loi nous laisse la pleine et entière disposition quant à nos rapports avec nos enfants, nos ascendants ou notre conjoint? Enfin, le croira-t-on, le *mariage* lui-même se trouve parfois aux prises avec des abstractions telles que les juges appelés à les pénétrer n'abordent que l'esprit inquiet et la conscience troublée les questions de validité ou de nullité qu'elles font naître!

Donc, de toute nécessité, à l'œuvre ! Faisons la lumière là où tout est obscurité. « La certitude, dit Bacon, est la première dignité des lois. »

7. — Aux obscurités par l'excès des détails dont nos anciennes lois étaient pleines ont succédé de nos jours les obscurités par excès de laconisme. Le caractère de la loi, a-t-on dit, est d'être courte; sa brièveté aide à la retenir et lui donne plus de majesté : *imperatoria brevitas!* Nos législateurs se sont si fortement attachés à cette vaine et ambitieuse image de majesté, qu'ils mettent leur honneur à se montrer d'autant plus brefs que les matières qu'ils organisent sont plus vastes. A vrai dire, la loi n'exprime plus sa pensée, elle la donne à deviner !

Ainsi, tandis que Pothier affectait à l'explication élémentaire du *retrait lignager* douze grands chapitres divisés en je ne sais combien d'articles, de paragraphes et de cas comprenant, le tout ensemble, *quatre cent quatre-vingt-huit* numéros, les rédacteurs du Code Napoléon ont eu l'orgueilleuse pensée de croire qu'un article *unique*, composé à peine de quelques lignes, suffirait complétement à l'exposition du *retrait successoral.* C'est ainsi que, plus récemment encore, les auteurs de la loi sur la transcription en matière hypothécaire se sont bercés du vain espoir d'organiser en une seule et très-courte disposition l'une de nos matières les plus compliquées d'espèces, la subrogation à l'hypothèque légale des femmes sur les biens de leurs maris.

On devine les fâcheux inconvénients que traîne après elle cette ridicule manie du laconisme, les décisions arbitraires auxquelles elle subordonne les intérêts les plus graves, l'inquiétude et le trouble qu'elle jette dans le monde des affaires, et enfin les mille procès qu'elle livre en pâture à l'esprit de chicane. La clarté de la loi détourne des contestations déloyales; ses obscurités font qu'on s'y engage aisément.

Ce n'est point pourtant que je partage l'opinion de ceux qui désireraient voir briller dans nos Codes les splendeurs de la synthèse : certains détails existent qui sont trop minutieux ou trop mobiles pour devenir l'objet d'une disposition particulière; mais au moins faut-il que la loi soit assez explicite pour être facilement comprise; car, ainsi que le dit Montesquieu, elle est moins faite pour les savants que pour les gens de médiocre entendement.

Écoutons à ce sujet Bacon, qui exposa avec tant d'autorité les lois des lois, *leges legum!* «Le bavardage et la prolixité dans l'expression des lois ne nous plaisent guère, dit-il : loin que ce style diffus atteigne le but auquel il vise, au contraire, il lui tourne le dos... Il ne faut point pour cela tomber dans une brièveté trop concise ou affectée, pour donner aux lois un certain air de majesté et un ton plus impératif, de peur qu'elles ne ressemblent à la règle des architectes de Lesbos » (1). « La meilleure loi, ajoutait-il, est celle qui laisse le moins à la disposition des juges. »

8. — Voilà de bons préceptes. Je les voudrais toujours présents à l'esprit des commissaires du gouvernement lorsqu'ils exposent au Corps législatif les principes des projets de loi dont la défense leur est confiée. Nous ne les verrions plus, quand, après leur avoir signalé les lacunes ou les ambiguïtés du projet, les députés les adjurent de ne point laisser leur œuvre inachevée, se dérober, par de misérables et puérils faux-fuyants, à ces mises en demeure de venir, par quelques

____

(1) Les architectes de Lesbos se servaient d'une règle de plomb flexible *en tous sens.*

mots explicatifs, en aide à la loi. M. Duclos, qui, en 1855, sut exposer avec une grande justesse et un talent de premier ordre les imperfections de la loi sur la transcription, souleva divers points très-importants sur lesquels le projet ne s'expliquait pas. Il y a là, dit-il, des lacunes qu'il faut combler, *sous peine d'ouvrir à la doctrine et à la jurisprudence le champ clos des interprétations arbitraires.* Laisser la loi ainsi inachevée, ce serait appeler les procès qu'elle doit prévenir.

Quoique pleine de sagesse, cette observation fut écartée par la plus singulière des fins de non-recevoir. « Le projet, dit l'orateur du gouvernement, a été étudié, préparé et rédigé par les hommes les plus compétents : or, ils n'y ont point trouvé les obscurités signalées. »

D'autres difficultés ayant été exposées, l'un des commissaires du gouvernement déguisa ses refus d'explications par ces détestables échappatoires : « La loi, dit-il, n'a point à résoudre à l'avance toutes les difficultés auxquelles elle pourra donner lieu..... Il importe que la discussion ne dégénère point en consultations..... La question soulevée est de celles que la jurisprudence aura à résoudre. »

Ces banales et fières réponses me rappellent une observation fort judicieuse de M. Renouard, parlant aux ministres de Louis-Philippe : « Je ne crois pas, dit-il, que lorsqu'une question a été exposée de part et d'autre avec de graves raisons, il soit de bon procédé législatif de dire aux tribunaux : *Le législateur n'a pu s'en tirer; les tribunaux s'en tireront comme ils pourront.* Il vaut mieux que le législateur se donne un peu plus de peine, qu'il discute plus longtemps et qu'il résolve la question. Car enfin on ne fait point des lois pour créer des procès, mais pour les prévenir (1). »

J'admets sans peine que les discussions législatives ne doivent point dégénérer en consultations. Que la loi n'ait point à résoudre à l'avance *toutes* les difficultés auxquelles son application pourra donner lieu, je le concède volontiers; mais quand la question débattue engage de graves intérêts et qu'elle est de nature à se présenter fréquemment, refuser d'y répondre, alors qu'il est évident que par son insuffisance ou ses amphibologies le projet la laissera comme

_____

(1) Discussion de la loi du 2 juin 1841.

insoluble, ce n'est plus user de son droit, c'est abandonner son devoir de législateur. « Il n'y a, disait Henri II lors de la publication du Code rédigé par le savant Barnabé Brisson, rien de plus pernicieux et de plus dommageable à un Etat, et qui cause plus d'involutions, troubles et subversions, que la confusion ou l'incertitude des lois » (1).

9. — Un autre défaut qui mérite d'être observé, c'est qu'au lieu de rattacher leurs réformes à des vues larges et coordonnées entre elles, les législateurs de notre temps n'y procèdent qu'à l'aventure, par actions capricieuses et parcellaires.

Ainsi, touchent-ils aux priviléges et aux hypothèques, ils les réorganiseront quant à leur publicité et les laisseront, à peu de chose près, pour tout le reste, sous l'empire des innombrables défauts qui les corrompent. Quant aux motifs de leurs prédilections, ne les cherchons point, ils sont impénétrables.

Ce n'est pas tout ! Sur les points mêmes qu'ils organisent et je dois le reconnaître, auxquels ils appliquent, en général, des principes pleins de sagesse, on a pu, sans trouver le mot de cette bizarre énigme, les voir s'appliquer à renfermer dans les plus étroites limites leurs plus heureuses et leurs plus utiles conceptions. Il semble qu'ils soient comme effrayés de leur audace et que, pour se la faire pardonner, ils doivent, dès qu'ils ont fait un pas, s'arrêter court, quoiqu'une impérieuse logique les presse de poursuivre leur donnée dans ses applications nécessaires.

Ainsi, viennent-ils, par la concession d'un délai exceptionnel pour inscrire leur privilége, au secours du vendeur et du co-partageant, ils laisseront peser sur les ouvriers, quoique leur condition soit absolument semblable à celle du vendeur, tout le poids des déchéances qu'entraîne la rigueur du droit commun (2).

Soumettent-ils au principe de publicité l'action en résolution *de la vente* pour défaut de paiement du prix, ils main-

---

(1) Consultez à ce sujet un travail très-intéressant de M. Gustave Rousset sur la codification des lois, *Revue critique*, année 1855, p. 324. —V. aussi mon *Traité de la transcription*, t. I, p. 2 et 3.

(2) V. l'art. 6 de la loi du 23 mars 1855.

tiendront sous le régime de clandestinité l'action en résolution de la *donation* pour cause d'inexécution des charges (1).

La publicité appliquée aux actes contenant, sous forme de cession ou de renonciation, subrogation à un droit d'hypothèque leur a semblé vraiment essentielle. Puisqu'elle leur a paru juste, utile et nécessaire, ils l'auront généralisée, sans doute? Point; ils l'ont *spécialisée!* Les subrogations aux hypothèques légales des femmes sur les biens de leurs maris devront être rendues publiques, sinon elles demeureront sans effet au regard des tiers. Quant aux subrogations ayant pour objet soit une hypothèque conventionnelle, soit une hypothèque judiciaire, soit même une hypothèque légale autre que celle des femmes, le principe de clandestinité continuant de les régir, elles auront, quoique secrètes, leur plein et entier effet envers et contre tous (2).

10. — Partout, on le voit, des demi-mesures! Rien de coordonné, rien d'achevé. Citons d'autres faits. Dès 1841, on vote avec enthousiasme le principe que ceux qui acquièrent sous l'œil de la justice, ne peuvent, en aucun cas, être troublés à raison des actions en résolution pour défaut de paiement du prix de vente auxquelles les biens adjugés étaient soumis du chef des précédents vendeurs. En 1858 on fait un pas de plus dans la voie des améliorations: les hypothèques *occultes* sont, à l'exemple des hypothèques *inscrites*, purgées par une procédure qui, au lieu de suivre l'expropriation, commence, marche et s'accomplit parallèlement à elle. Ces innovations ont eu pour objet de mettre un terme à ces interminables longueurs, à ces formalités innombrables et surtout à ces incertitudes si périlleuses qu'entraînait après elle l'ancienne organisation des expropriations. C'est donc dans un intérêt d'ordre public qu'elles ont été introduites; elles ont même paru si heureusement conçues, si essentiellement justes dans leur principe, et surtout si fécondes dans leur application, qu'on a pu dire d'elles «qu'elles obtiendraient la bénédiction de tous les créanciers et de tous les débiteurs.» Sans pousser aussi loin mon admiration, je crois qu'elles seront acceptées par tous les bons esprits; mais puisqu'elles sont universellement re-

(1) V. l'art. 7 de la loi du 23 mars 1855.
(2) V. l'art. 9 de la loi précitée.

connues excellentes, par quel écart de logique a-t-on pris soin de les renfermer dans les plus étroites limites ? Quoi ! voilà une idée proclamée si sage, si juste, si féconde, qu'on lui attribue d'avance les plus merveilleux résultats, et au lieu de la généraliser en l'appliquant *aux adjudications de toute sorte reçues dans notre droit,* on l'embarrasse dans des distinctions et sous-distinctions incompatibles avec sa nature (1) ! Ce serait à n'y point croire, si on ne savait à quelles étranges faiblesses sont parfois soumis les hommes les plus éminents !

11.—D'autres singularités appellent notre attention. Je dirai tout d'abord, — mon affirmation n'aura point de contradicteurs, car tous les bons esprits sont, sur ce point, de mon avis, — qu'aussi longtemps qu'on laissera subsister dans les Codes officiels et dans leur intégrité originelle les textes qu'on abroge ou que l'on corrige par des lois particulières (2), notre législation sera pleine de périls pour ceux qui, chaque jour, y doivent chercher la règle de leur conduite ou le principe conservateur de leur fortune.

(1) V. le *Commentaire* de la loi du 21 mai 1858, par MM. Ollivier et Mourlon, art. 692, 717 et 838.

(2) V. notamment, à ce sujet :

Les lois du 22 mars 1849 et du 7 février 1851 qui modifient l'article 9, C. N.;

La loi du 31 mai 1854, portant abolition de la mort civile;

La loi du 8 mai 1816 qui a aboli le divorce;

La loi du 21 mars 1832, qui a modifié l'art. 374, C. N. ;

Le décret du 10 juillet 1848, qui a modifié la loi du 21 mars 1832;

Les lois des 29 avril 1845, 11 juillet 1879 et 10 juin 1854, modifiant le Code Napoléon sur le régime des eaux ;

La loi du 14 juillet 1819 portant abrogation des art. 726 et 912, C. N.;

Les lois du 12 mai 1835 et du 7 mai 1845, qui modifient l'art. 896, C. N.;

La loi du 17 mai 1826, qui abroge l'art. 1048, C. N.;

La loi du 7 mai 1849, qui abroge la loi du 7 mai 1826;

La loi du 20 mai 1838 concernant les vices rédhibitoires dans les ventes et échanges d'animaux domestiques ;

La loi du 3 septembre 1807, qui a modifié l'art. 1907, C. N.;

Les lois des 17 avril 1832 et 13 décembre 1848, qui ont modifié les dispositions du Code Napoléon sur la contrainte par corps ;

Et enfin la célèbre loi du 23 mars 1855, qui a si profondément modifié le Code Napoléon, soit sur la transmission et l'extinction des droits réels et immobiliers, soit sur le régime hypothécaire.

Prenons des faits.

On sait que les dispositions du Code Napoléon sur les actes translatifs ou extinctifs des droits réels immobiliers, sur la publicité des hypothèques et enfin sur les rapports des femmes avec les tiers qui traitent avec leur mari ont, par la promulgation de la loi du 23 mars 1855, subi de graves et essentielles modifications. Or, le croira-t-on, les textes nouveaux existent enfouis et perdus au *Bulletin des lois,* vaste *indigeste,* dont s'effraient les plus habiles chercheurs, tant il est difficile d'y découvrir ce qu'on y cherche? Quant aux textes qui ont cessé de nous régir, on les a maintenus, sans aucun signe d'abrogation, parmi les lois existantes; chaque année les retrouve debout, dans toute leur pureté primitive, inscrits en pleine lumière sur des tables livrées au public et où le public vient chaque jour, car le Code est partout, apprendre ce qu'il doit savoir.

Ainsi, aux lois réellement vivantes, l'ombre; aux lois mortes, la lumière! Est-ce logique? Qui ne s'irrite du procédé de ce législateur qui, après avoir fait graver en caractères extrêmement menus la loi qu'il devait promulguer, prit soin de la placer dans un endroit si resserré et sous un jour si défavorable que personne ne put la lire? Or, notre manière de faire vaut-elle mieux?

12. — Je sais bien qu'en fait cette inconséquence législative n'entraîne point tous les désastres dont le principe est en elle. Les *éditeurs* de nos Codes ont, en effet, l'habitude d'y donner, en forme de supplément ou sous le titre de lois diverses, le texte des lois nouvelles et d'y renvoyer le lecteur par une indication placée en note sous les textes qu'elles abrogent ou qu'elles modifient. Grâce à ce travail privé, les magistrats, les jurisconsultes et tous ceux qui quotidiennement s'occupent d'affaires, peuvent très-aisément, sans doute, distinguer les dispositions restées obligatoires de celles qui ne le sont plus. Mais, ce qu'on ne sait pas assez peut-être, c'est que nos Codes sont dans toutes les mains : c'est par centaines de mille qu'il faut aujourd'hui nombrer ceux qui tous les jours les consultent. Or, croit-on de bonne foi que ces paysans, ces industriels, ces commerçants, qui sans cesse les compulsent, sont tous assez habiles lecteurs pour utiliser les renvois, annotations ou concordances qu'on place sous leurs yeux, et, par la compa-

raison des textes épars qu'on leur donne à méditer reconnaître le véritable état de la législation ? Les Codes où se trouvent les textes des lois nouvelles sont d'ailleurs trop gros, et, par suite, trop coûteux pour être bien répandus : les habitants des campagnes, les industriels, les commerçants, n'achètent guère que les éditions à bon marché, et, on le comprend, ces éditions en miniature, vulgairement appelées les cinq Codes, ne se prêtent point aux suppléments dont je viens de parler.

13. — En fait donc, nos lois ne reçoivent point toute la publicité qu'elles devraient et qu'elles pourraient si aisément avoir. Je ne m'attacherai point à décrire les procédés qu'il faudrait suivre pour atteindre le but. Le gouvernement les connaît certainement : ils ont été tant de fois et si savamment exposés, qu'il ne se peut pas qu'ils soient passés inaperçus. Tout ce que je puis faire de mieux, c'est d'appeler son attention sur la nécessité de tenir enfin compte d'une donnée qui a le mérite d'attirer à elle, par l'évidence même de son utilité et de sa logique, l'assentiment général de tous ceux qui ont pris la peine d'y réfléchir. Il ne faut point se le dissimuler, l'opiniâtreté aux usages que l'opinion universelle condamne n'est point seulement un signe assuré de faiblesse : c'est, en outre, un véritable déni de justice.

14. — Je n'arrêterai point là ma critique.

Au lieu de procéder d'après un plan général tracé par avance et d'assembler méthodiquement sur chaque sujet les règles qui lui sont propres, nos législateurs, j'en ai déjà fait la remarque, vont de ci, de là, comme au hasard, tantôt sur un point, tantôt sur un autre, morcelant, séparant, isolant les choses les plus essentiellement unes ou solidaires ; si bien qu'il n'est point rare que sur des objets unis l'un à l'autre par la plus étroite affinité nous ayons je ne sais combien de dispositions éparses, jetées je ne sais où, et par exemple une première loi pour le principe de telle matière, une deuxième loi pour ses applications, une troisième et dernière loi pour ses modifications, exceptions ou tempéraments. Quand même cet incroyable éparpillement des prescriptions législatives ne devrait avoir d'autre effet que d'enlever à nos lois cette harmonique beauté dont elles ne sauraient se passer sans voir leur majesté amoindrie, il le faudrait blâmer ; mais qu'en penser et qu'en dire si l'on considère qu'en fait il amasse autour d'elles des obscurités qui les cachent à l'œil du vulgaire qui les cherche?

Prenons un exemple à ce sujet.

La législation hypothécaire, personne ne l'ignore, appartient, par sa nature et par son objet, au Code Napoléon. C'est là que les particuliers qu'elle intéresse vont chercher les règles d'après lesquelles elle se gouverne; c'est là, par conséquent, qu'elles devraient être. Or, chose à peine croyable, ces règles sont disséminées dans cinq Codes différents, à savoir : 1° le Code Napoléon; 2° le Code de procédure; 3° le Code de commerce; 4° le Code de l'expropriation pour cause d'utilité publique ; 5° enfin la loi du 23 mars 1855 sur la transcription en matière hypothécaire.

Ce n'est pas tout! chacun de ces Codes déroge à quelqu'un des autres, les Codes de procédure, de commerce et d'expropriation pour cause d'utilité publique, au Code Napoléon, la loi du 23 mars 1855 aux Codes Napoléon et de procédure.

Ce n'est pas assez encore! la question de savoir si tel Code déroge à tel autre, ou si leurs dispositions, quoique contraires, coexistent, est souvent entourée d'obscurités impénétrables. Ainsi, la loi du 23 mars 1855 sur la transcription a-t-elle modifié la loi d'expropriation pour cause d'utilité publique ou l'a-t-elle laissée dans son absolue intégrité? On ne le sait pas!

15. — Concluons.

Ceux-là sont le plus souvent induits en erreur qui, voulant connaître la règle de leur conduite, bornent au Code Napoléon l'effort de leurs investigations.

Quant à ceux qui, plus avisés, soupçonneront son insuffisance qu'ils sachent que, pour avoir la vérité entière, ils doivent compulser, afin de les compléter ou de les éclairer les uns par les autres, les Codes divers où la loi en a dispersé les parties. S'ils sont patients, doués d'un jugement sûr, quelque peu jurisconsultes et *très-perspicaces*, peut-être parviendront-ils à la dégager des nuages qui la voilent; mais combien, parmi ceux qui la cherchent, sont capables d'un tel discernement?

16. — La science législative exige trop de qualités diverses pour qu'un homme, si privilégié qu'il soit, la possède jamais complète. Celui-là donc tenterait l'impossible qui, sous la

pression d'un orgueil immodéré, se croirait assez puissant pour découvrir à lui seul et organiser, sans le secours de personne, les réformes que l'esprit de son temps réclame. Nous ne pouvons, dit très-exactement Fontenelle, voir d'un peu haut sans monter sur les épaules les uns des autres. C'est ce que sous-entend Pascal quand il poursuit de ses railleries l'écrivain qui, parlant de l'ouvrage auquel il a donné son nom, dit : *mon* livre.

La vérité que j'énonce est de celles qui, pour se laisser voir, ne demandent qu'un peu de réflexion. Dans tous les temps et chez tous les peuples civilisés, les législateurs en ont fait la régle à peu près constante de leur conduite.

17. — C'est ainsi qu'à Athènes on plaçait une copie des projets de loi au pied de la statue des dix héros, afin qu'ils fussent examinés par tout le monde et que chacun pût exposer ses réflexions au Sénat.

18. — Quoique fortement attachés à leurs prérogatives législatives et bien qu'ils eussent à côté d'eux pour les guider des hommes d'État très-éminents, nos rois de France ne craignirent point de demander des conseils à leurs sujets : les ordonnances de 1731 et de 1735, que nos vieux auteurs appellent les *grandes* ordonnances, durent leur perfection à cette heureuse et libérale alliance du pouvoir avec tous ceux que la science avait formés pour l'éclairer.

19. — Sous la Convention, le Directoire et le Consulat, la donnée grecque reçut une application plus éclatante encore.

Cambacérès qui, par l'éclat et la solidité de ses travaux, avait obtenu de la Convention l'insigne honneur de préparer les lois dont elle avait à l'avance établi les principes, ne négligea jamais d'appeler à lui tous ceux dont il pouvait espérer des lumières.

La commission qui reçut du conseil des Cinq-Cents la mission de procéder aux travaux du Code déclara, en déposant son projet, «qu'elle n'avait point la prétention de croire qu'elle eût fait un ouvrage complet; mais, ajouta-t-elle, l'expérience et l'observation le rendront plus parfait. Il serait donc essentiel qu'il y eût un *délai considérable entre sa distribution et l'ouverture de la discussion.* C'était indirectement demander qu'avant de le discuter législativement il fût soumis aux méditations des jurisconsultes.

Le conseil des Cinq-Cents fit droit à cette requête. Or, pendant le temps laissé à l'étude, Cambacérès, qui poursuivait avec une infatigable ardeur la perfection de son œuvre, tint à honneur d'appeler sur elle l'épreuve, parfois périlleuse, mais toujours décisive, de la critique. Il crut même devoir, afin d'atteindre plus sûrement le but, convier à cette collaboration commune non point spécialement tel ou tel corps savant, mais tous ceux qui, par leur amour du bien public ou leur dévouement à la science, pouvaient puiser en eux-mêmes le droit de conseil. « Je soumets, dit-il, mon travail à la censure *de tous mes concitoyens*. Je les invite à en faire l'objet de leurs méditations. Leur devoir est *d'aider* et *d'éclairer* le législateur par la communication franche de leurs idées. J'ai l'espérance qu'ils s'empresseront de me faire part de leurs vues. Ils me trouveront sans aucune prévention pour mon travail, sans ténacité aucune pour mes propres conceptions. S'il ne m'est pas possible de profiter de tout, je prends l'engagement de rendre compte à la tribune de tous les plans, de tous les systèmes qu'on aura jugé à propos de me transmettre. Rien d'important ne sera soustrait à la lumière de la discussion. »

20. — Grande et belle leçon pour les législateurs à venir!

Elle ne fut point perdue. La section de législation et du Code civil exposa au Conseil des Cinq-Cents qu'afin d'accélérer son travail elle l'avait fractionné, mais qu'elle n'avait point tardé à s'apercevoir que chacun de ses membres serait dans l'impossibilité de faire vite et de faire bien, « s'il n'était assisté par des collaborateurs éclairés qui pussent lui faciliter les recherches, discuter avec lui les points difficiles et mettre enfin dans la rédaction des diverses dispositions législatives la clarté nécessaire pour que tous les citoyens puissent en saisir facilement le sens. »

Sur cette déclaration, le Conseil décréta, d'une part, qu'afin d'aider la section entière dans le travail qu'elle ferait en commun, il lui serait « adjoint *trois jurisconsultes des plus éclairés et des plus affectionnés de la république* ; d'autre part, que chacun de ses membres pourrait s'adjoindre un *collaborateur à son* choix. Le décret ajoutait que pour laisser à la commission et à chacun de ses membres la plus entière liberté de prendre, conserver ou changer, suivant qu'il le jugerait

2

convenable, leurs adjoints et collaborateurs, ces travailleurs auxiliaires seraient choisis *en dehors du Corps législatif.* »

21. — Jacqueminot, à qui fut confié le soin de retoucher le projet de Cambacérès, sut mettre à profit la faculté que le décret lui avait laissée : à l'exemple, de son illustre prédécesseur et ami, il appela près de lui, pour prendre leurs conseils et profiter de leurs lumières, *les jurisconsultes que l'opinion et l'estime publique désignaient à son choix* (1).

22. — Dès qu'il obtint le pouvoir, Napoléon, que sa qualité de premier consul plaça bientôt à la tête du gouvernement, voulut avoir un code. Personne n'ignore avec quelle impatience il le désirait. Néanmoins il n'hésita point à décider qu'avant de soumettre au Conseil d'État le projet qu'elle avait préparé, la commission de législation s'entourerait d'auxiliaires capables de l'améliorer en le complétant et même au besoin en le corrigeant. Mais, au lieu de le soumettre au contrôle de l'opinion publique en appelant à l'éclairer tous ceux qui se seraient sentis assez instruits pour le faire, elle se borna à demander le concours du tribunal de cassation et des tribunaux d'appel. L'œuvre législative resta ainsi concentrée dans le monde officiel.

23. —Depuis, le législateur s'est montré de plus en plus jaloux de ses prérogatives. On a pu, il est vrai, le voir en 1844, alors qu'il s'agissait de la réforme hypothécaire, recourir, pour cette œuvre difficile, aux lumières des facultés de droit et des cours royales. Je n'ignore point non plus qu'en 1858 les chambres des avoués et des notaires de Paris furent consultées sur les améliorations dont pouvait être susceptible la loi à faire sur les ordres. Mais par cela même qu'ils sont exceptionnels, ces faits marquent et caractérisent l'esprit du temps : la

____

(1) Il me paraît juste que les auteurs qui scrutent notre histoire juridique ne laissent point le linceul de l'oubli se fermer à toujours sur le nom des hommes dont la république sut, en l'utilisant, honorer le talent. Les contemporains qui étudient la jurisprudence n'ignorent point sans doute que MM. Favard, Grenier et Tronchet furent de ceux que le législateur appela à son aide ; mais combien, parmi mes lecteurs, savent que MM. Crassous (ancien député), Vermeil (jurisconsulte), Porriquet (homme de loi), Hua (jurisconsulte), Cournol (homme de lois) et enfin Tardif (ancien représentant du peuple), furent élevés à la même dignité? Ces hauts dignitaires ont aimé et servi leur pays; il est bon que le pays le sache et les honore.

tendance à l'isolement domine. Ainsi, il est arrivé que des projets d'une extrême importance ayant été conçus, préparés et arrêtés comme à huis clos, le public ne les a connus qu'au moment où ils étaient déjà en discussion au Corps législatif. C'est ce qui a eu lieu notamment à propos de la loi du 23 mars 1855. Là sans doute est la cause des nombreuses imperfections qui la déparent. L'étude consciencieuse que j'en ai faite et le bien que j'en ai dit me permettent d'affirmer le mal que j'en pense : excellente dans son principe, elle est détestable quant à ses détails et à sa codification (1).

24. — Dieu me garde pourtant de nier la valeur scientifique ou l'ardeur à bien faire des législateurs de notre temps : le lecteur cesserait de me suivre s'il me voyait à ce point manquer de justice. Les grands talents, je me plais à le reconnaître, ne manquent ni au Conseil d'État, ni au Corps législatif. Néanmoins, il est constant qu'au point de vue du droit privé, leurs travaux ne marchent point d'accord avec les progrès toujours croissants dont il nous est donné de voir, dans les autres sciences, l'éclatant spectacle. Nos lois, j'ose le dire, ne sont point à la hauteur de ce siècle.

Si elles n'ont point toute la perfection que réclament le génie de la France et le haut rang qu'elle occupe parmi les peuples, c'est qu'apparemment le procédé législatif qu'on leur applique n'est point lui-même ce qu'il peut et ce qu'il doit être.

Si la méthode suivie ne prouve point son excellence par ses résultats, il faut se hâter de faire mieux en faisant autrement.

Ce que j'ai dit fait assez comprendre l'amélioration que je poursuis. Néanmoins je tiens à la préciser davantage.

25. — Au gouvernement le droit et le devoir de fixer l'heure des modifications à introduire. S'il juge, d'après les données acquises de la doctrine et l'état de la jurisprudence, ou selon ses propres vues, que les lois existantes sur telle ou telle matière sont insuffisantes ou funestes dans

____

(1) MM. les avocats généraux en font eux-mêmes l'aveu : « Tout le monde, dit M. Hector Rochefontaine en parlant de l'art. 8 de la loi que je mets en cause, paraît reconnaître son insuffisance et son obscurité. » (V. le Journal des Cours impériales de Grenoble et de Chambéry, année 1863, p. 8.)

leur principe, ou défectueuses dans leurs détails, qu'en un mot elles ne sont plus en rapport avec les idées nouvelles et les besoins de l'époque, il dresse, de concert avec le Conseil d'État, le programme des réformes qu'il va poursuivre. J'entends sous cette expression de programme l'exposition sommaire des points les plus importants qui, d'après ses vues générales, doivent être étudiés, discutés et résolus.

Ce travail préparatoire achevé, il l'adresse aux facultés de droit et aux cours impériales dont il sollicite l'appui et le secours.

Point n'est besoin de justifier en thèse la sagesse et la logique de cette mesure : son passé répond d'elle. Les travaux qu'elle a motivés et que M. Martin, du Nord, a publiés sous le titre de *Documents hypothécaires*, resteront, dans l'histoire de notre droit privé, comme le livre d'or que les législateurs de l'avenir devront constamment lire et méditer.

Si la donnée que j'expose est excellente, je dois, sous peine de manquer de logique, en déduire toutes les conséquences qui lui sont propres et, par conséquent, la suivre dans toutes ses applications. Or le conseil de l'ordre des avocats, la Chambre des notaires et celle des avoués de Paris peuvent avoir d'utiles avis à fournir ; il sera donc nécessaire de les consulter. La loi leur devra souvent ses plus sages inspirations.

Ce n'est pas assez encore ! Que les Facultés de droit, les Cours impériales, que MM. les avocats, que MM. les notaires et avoués de Paris soient, par une directe invitation, spécialement mis en demeure d'éclairer les questions soumises à leurs méditations, cela, je le répète, est essentiel ; mais puisqu'il peut exister ailleurs des jurisconsultes, des économistes, des philosophes capables de porter le flambeau d'une haute raison jusque dans les parties les plus abstraites ou les plus pratiques des problèmes à résoudre, il sera bon, si l'on ne veut pas courir le risque de manquer le but, de solliciter, par une note adressée à la presse, l'effort de leur concours. La note rédigée à cet effet devra contenir cette expresse et solennelle déclaration que tous ceux qui, par la pureté de leur vie, leur amour du bien public et la solidité de leur instruction, se croiront dignes d'aider l'action du législateur, sont invités à fournir, par la voie de la presse ou autrement, eur part de lumière pour l'œuvre commune qui s'élabore.

Les questions de principe étant ainsi examinées, discutées, approfondies et résolues par des talents de natures diverses, la matière reviendrait toute préparée au Conseil d'État qui, après avoir médité les travaux obtenus et en avoir dégagé les idées les plus saines, rédigerait d'après elles un projet de loi.

26. — Ce projet et l'exposé des motifs qui serait fait pour le justifier en l'expliquant devraient être soumis aux mêmes épreuves que le programme dont je parlais tout à l'heure. Il ne suffit pas, en effet, que les principes de la loi soient fixés ; il importe, en outre, que le législateur ne les compromette point par l'insuffisance ou l'obscurité des textes où il dépose sa pensée. Ce travail de rédaction n'est point, ainsi qu'on le pense communément, une œuvre facile et vulgaire. Les fautes les plus légères sont en cette matière grosses de périls : une phrase embarrassée, un mot impropre ou amphibologique, une virgule qui n'est pas à sa place peut obscurcir ou dénaturer toute l'économie de la loi. C'est pourquoi sans doute Montesquieu et, d'après lui, Bentham n'ont point cru qu'il fût indigne d'eux de tracer les règles à observer dans la composition des lois. Il est de leur essence qu'elles soient *claires*, dit Bentham, afin qu'elles fassent naître dans l'esprit de ceux qu'elles obligent « une idée qui représente exactement la volonté du législateur. » Quand cette volonté est douteuse ou susceptible de sens divers, la loi qui la contient cesse d'être un précepte dirigeant : ce n'est plus un guide ; ce n'est plus une protection ; c'est un piége où le plus souvent vient périr le droit de ceux qu'elle doit défendre.

Voilà, je le répète, ce qu'on ne comprend pas assez en France. La rédaction des lois y est considérée, je ne sais par quel funeste préjugé, comme un travail secondaire et tout à fait accessoire; d'où les nombreuses imperfections qui les défigurent ou les laissent comme inachevées. « Vous êtes, dit M. Rossi, en possession de la règle que vous voulez établir, tout n'est pas fini. Il faut trouver une expression et une expression claire, simple, précise. C'est ce que tout le monde sait et ce que tout le monde dit, même ceux qui ne se sont jamais doutés des difficultés que présente l'application de l'instrument du langage aux matières de législation. Les préceptes abondent, mais les lois *bien rédigées* sont *en fort petit nombre* : probablement que l'application de tous ces préceptes de rhétorique législatifs n'est point aisée. »

M. Gustave Rousset, qui s'est occupé avec un si rare talent de la rédaction et de la codification rationnelle des lois, exprime la même idée. « La loi, dit-il, n'est point seulement faite pour les yeux ; l'esprit, pour l'affirmer et la respecter, doit la comprendre. L'écrire n'est rien : il la faut bien écrire, l'écrire d'une manière intelligible, car *sa puissance dépend de la forme qui doit en manifester la réalité*. La rédaction des lois est donc ce qu'il y a de plus important à considérer après leur conception, et, il faut le dire, c'est ce qui jusqu'à présent a le moins préoccupé le législateur. Tout entier à l'élaboration de l'esprit de la loi, il a presque toujours laissé au hasard le soin d'en préparer la lettre, et la sagesse est trop souvent sortie contrefaite et mal armée du grand cerveau législatif (1). »

27. — Que le législateur entre donc résolûment dans la voie que j'indique : la perfection relative des lois est à ce prix !

Je ne serais assurément point aussi affirmatif si l'idée que j'exprime m'était propre ; mais je ne suis en l'exposant que le fidèle écho de l'opinion publique. Tous les grands esprits, Cambacérès, Jacqueminot et, dans une certaine mesure, Napoléon lui-même, lui ont rendu hommage en l'appliquant. M. Martin (du Nord) la fit également sienne en 1844 : « Les théories nouvelles, disait-il, en s'adressant aux tribunaux, les exemples que peuvent fournir les législations étrangères, les écrits des jurisconsultes et les monuments de la jurisprudence offrent d'immenses et précieuses ressources pour l'exécution du grand et difficile travail que nous entreprenons ; mais l'examen de ces éléments d'origines et de natures si diverses exige des connaissances aussi étendues que variées, une longue et parfaite expérience, un grand dévouement au bien public. — Toutes ces conditions se trouvent heureusement réunies dans les grands corps judiciaires du royaume. C'est donc avec autant d'empressement que de confiance que je viens faire appel à leurs lumières et à leur amour du pays. »

Casimir Périer, que l'histoire contemporaine appelle le *grand ministre*, fit plus encore : il mit la réforme hypothécaire au concours ! « Depuis longtemps, dit-il, dans une lettre

____

(1) *Revue critique de législation*, t. x, p. 322.

adressée aux journaux (5 février 1829), tous ceux qui s'intéressent à la prospérité sociale s'affligent d'en voir le développement entravé par les vices de notre système hypothécaire...

rappé de ce fâcheux état de choses et désirant contribuer à en avancer le terme, j'ai fixé, il y a deux ans, les questions à résoudre, en créant un prix pour l'auteur du mémoire qui sera reconnu les avoir le mieux résolues (suit l'exposition des questions proposées). »

Bentham, qui éleva si haut la science et la philosophie du légiste, s'est constitué, dans son ouvrage sur la codification des lois, le défenseur convaincu du concours appliqué aux œuvres législatives. « Chaque personne qui voudra concourir devra, dit-il, fournir, dans un temps donné, un plan général de son système, y joindre, comme échantillon, un titre ou chapitre particulier, afin qu'on puisse juger de son talent et l'accompagner d'un commentaire raisonné qui mette ses juges à portée de connaître ses principes et sa logique.

« Le concurrent qui aura le mieux rempli les conditions demandées sera invité à poursuivre son travail. Le projet qu'il aura fourni sera imprimé et publié aux frais de l'Etat, distribué avec abondance et soumis au tribunal de l'opinion... Ce n'est qu'après avoir subi cette épreuve qu'il sera soumis au jugement final du Corps législatif et qu'il recevra la sanction souveraine.

« Y a-t-il quelque probabilité que la science de la législation soit renfermée dans les députés d'une assemblée ? N'y en a-t-il pas beaucoup, au contraire, que les travaux du cabinet, les pénibles études qui forment un profond jurisconsulte ont peu de rapport avec l'espèce d'activité et les liaisons sociales qui poussent les individus dans la carrière politique ? Les députés, quelque bons juges qu'ils puissent être d'une loi qui leur est présentée, sont bien rarement en état de la préparer et de la combiner avec le système entier de la législation. Le libre concours est donc infiniment préférable à celui d'un choix renfermé dans une assemblée, fût-elle d'ailleurs l'élite de la nation. L'individu qui n'en est pas membre est peut-être le seul qui soit capable de ce grand travail. »

Bentham et Casimir Périer, son imitateur, sont allés trop loin sans doute : séduits par l'excellence du principe qui les inspirait, ils l'ont exagéré dans l'application qu'ils en ont déduite. Laissons là leur exagération, mais gardons-nous de rejeter ce que leur principe a de bon.

28. — Je veux, en terminant, placer ma donnée sous une autorité tout à fait décisive.

On sait que, par un décret du 28 décembre, une commission a été instituée pour étudier et déterminer les véritables caractères des droits des écrivains, des savants et des artistes sur leurs œuvres.

Les hommes les plus éminents ont été appelés à cette commission ; toutes les parties intéressées, l'Etat, la philosophie, l'économie politique, la morale, les arts et l'industrie, y ont été également représentées.

Il semblait donc qu'elle pût, par elle-même et par elle seule, suffire à l'étude qui lui était confiée. Néanmoins, qu'at-elle fait ? Je laisse parler son honorable président, M. Walewski. « La commission, dit-il, dans son rapport à l'Empereur, a cru devoir réclamer le concours de *tous ceux dont l'expérience pouvait être utilement consultée...* »

A cet effet, « elle a successivement entendu des représentants de la librairie, pris parmi les plus honorables et les plus habiles, des écrivains qui ont fait de la législation sur la propriété littéraire l'objet spécial de leurs études, les éditeurs de musique et de gravures, les membres du Comité de la Société des gens de lettres, la Commission de la Société des auteurs et compositeurs dramatiques, et enfin les délégués des artistes peintres, sculpteurs et graveurs... »

Ce n'est pas tout. Un projet de loi ayant été rédigé à la suite de cette solennelle enquête, on a pris soin de le publier par la voie de la presse, longtemps avant de le soumettre aux discussions du Corps législatif. D'où, si je ne me trompe, une invitation indirecte faite à tous ceux dont l'expérience peut être utilement consultée, d'avoir à en faire l'objet de leurs méditations, et, s'il y a lieu, de leurs critiques.

Voilà, à mon sens, de grands et d'utiles précédents. Nul projet de loi n'aura été plus consciencieusement, plus savamment élaboré que le projet dont je parle. La matière qu'il réglemente a été étudiée sous toutes ses faces, philosophiquement, moralement, économiquement, juridiquement, dans ses détails, sous-détails et arrière-détails. L'instruction est complète. Or, si la méthode qui a été suivie est excellente, si l'événement prouve qu'elle a été féconde, pourquoi ne point la suivre toujours?

29.—Un fait récent s'est passé, qui a dû convaincre le gouvernement des périls auxquels il s'expose, lorsque, au lieu de s'environner le plus possible de lumières, il prépare, comme en secret, les projets qu'il devra plus tard exposer et défendre au Corps législatif. Ses propositions sur la révision du Code pénal, il ne l'a pas oublié, rencontrèrent au Corps législatif une opposition formidable. On s'étonna des imperfections du projet, et on en chercha la cause. Or, veut-on savoir comment on les expliqua? La loi, dit-on, eût été plus sagement conçue, nous n'aurions point à déplorer les difformités qui la défigurent, si, avant de la porter devant nous, le Gouvernement avait eu le soin de la soumettre aux méditations préparatoires des esprits les plus propres à l'éclairer. « Je puis, dit un orateur illustre, M. Jules Favre, faire un reproche au Gouvernement. Il s'est abstenu de s'entourer des éléments qui doivent former la base des discussions de cette nature. Qui devait-on consulter? Les magistrats; car ils sont les mieux placés pour connaître la vérité : ils peuvent nous montrer où est l'exagération, où est l'erreur, où peut être le péril. Ont-ils été consultés? nous apporte-t-on l'opinion des Cours de l'empire? Non, Messieurs...! » (Séance du 11 avril 1863.) « Lors, ajouta un autre député, M. Segris, lorsque je cherche en vain des documents que nous devrions trouver sous notre main, les opinions des Cours impériales, des procureurs généraux, j'hésite à voter la loi » (Séance du 13 avril 1863). La Chambre tout entière fit comprendre, par des *très-bien* répétés, qu'elle partageait, et par le même motif, l'hésitation de l'honorable **M.** Segris.

DEUXIÈME PARTIE.

EXAMEN DU PROJET DE LOI SUR LA PROPRIÉTÉ LITTÉRAIRE ET ARTISTIQUE.

30. — Les auteurs et les artistes auront-ils sur leurs œuvres un droit de *propriété* ou un droit d'une autre nature?

A supposer qu'on puisse et qu'on doive les admettre dans l'ordre des *propriétaires,* quel sera, au juste, *l'objet* de la propriété dont ils seront investis?

Quelles prérogatives y devront être attachées?

Sera-t-elle simplement viagère, ou héréditaire, mais limitée dans sa durée, ou enfin perpétuelle et irrachetable?

Si on la constitue perpétuelle, demeurera-t-elle en la personne des héritiers de l'auteur ce qu'elle était à son origine, ou n'existera-t-elle plus alors que sous la forme d'un droit à une redevance?

Si on consacre la propriété *littéraire* et la propriété *artistique,* devra-t-on, par analogie, constituer également la propriété *scientifique* et la propriété *industrielle?*

La perpétuité de la propriété littéraire et artistique impliquera-t-elle, par voie de conséquence, la perpétuité de la propriété industrielle?

Le projet que je me propose d'examiner se prononce sur ces divers points (1).

La propriété littéraire et artistique est reconnue.

Elle est établie sur *l'œuvre* de l'auteur ou de l'artiste en la personne duquel elle prend naissance.

Elle est *absolue.* Ainsi, quant à son œuvre, l'auteur est souverain. Tout ce qu'il lui plaît d'en faire, il le peut; il peut en user, il peut en jouir, il peut la modifier au gré de ses sentiments, il peut la publier ou la tenir secrète, et même, si son intérêt ou sa fantaisie le lui conseille, la détruire. A lui seul enfin appartient le droit de *l'exploiter commercialement,* c'est-à-dire d'encaisser tous les profits pécuniaires qu'on en peut tirer « en la publiant, en la reproduisant ou en la faisant

(1) V. le *Moniteur* du 13 avril 1863.

reproduire, en l'exposant ou en la faisant représenter en public. »

Elle est *perpétuelle*. Elle passera donc de l'auteur décédé à ses héritiers, de ses héritiers à leurs héritiers, et ainsi de suite, de siècle en siècle, tant que le monde durera.

Toutefois ses héritiers ne la conservent entière, dans toute sa souveraineté primitive, que pendant cinquante ans, à compter de son décès.

Ces cinquante ans expirés, le droit de publier l'œuvre qui leur a été transmise, de la reproduire ou de la faire reproduire, de l'exposer ou de la faire représenter, passe de leur domaine privé dans le domaine public *payant*. Dès ce moment, toute personne peut l'exploiter commercialement à son propre profit, mais sons la condition de leur payer une redevance prélevée sur le produit des publications, reproductions, expositions ou représentations dont elle devient l'objet. Ils retiennent ainsi sur elle, au moment où elle leur échappe, un droit réel *sui generis* en vertu duquel quiconque la veut utiliser pécuniairement les doit associer pour une part aux profits que son exploitation pourra donner.

Que les publications, reproductions, expositions ou représentations par lesquelles les tiers l'utilisent, dans leur intérêt personnel, aient lieu peu après l'expiration des cinquante ans qui ont suivi la mort de l'auteur, ou qu'elles se produisent après des siècles écoulés depuis cette époque, *etiam post mille annos*, il n'importe : la redevance est due dans tous les cas !

L'humanité se voit par là constituée à perpétuité la tributaire des familles, ou plus généralement des ayant-cause des auteurs et des artistes décédés. Ainsi, et à supposer que cette prérogative de la propriété littéraire eût existé dès le berceau de la littérature, quiconque voudrait, en notre siècle, lire les œuvres d'Homère et de Virgile, serait obligé de payer sa part de la rente établie au profit des héritiers de ces immortels.

31. — A l'exemple des lois existantes, la loi proposée ne reconnaît point la propriété *scientifique*.

Quant à la propriété *industrielle*, elle la laisse sous le régime qui, d'après la législation actuelle, lui est particulier.

D'où, entre la propriété *littéraire* et *artistique* et la propriété *industrielle*, des différences radicales.

De même que *l'auteur* ou *l'artiste*, *l'inventeur* est certainement maître de son produit; il peut en faire ce qu'il veut, le vendre, auquel cas il en touche le prix, le tenir secret, si cela lui plaît, ou même, si c'est sa fantaisie, le détruire. Mais dès qu'il le fait connaître, le droit de le multiplier à l'infini par l'imitation, et de mettre dans le commerce les produits similaires obtenus par sa reproduction, devient, en principe, *social*. Que si, avant de livrer son invention au public, il demande, obtient et paie un *brevet*, le droit d'exploitation dont je viens de parler reste, il est vrai, pendant quinze ans, concentré en sa personne ou en la personne de ses ayant-cause ; mais ce délai expiré, son invention passe, sans redevance aucune, dans le domaine public.

Quant aux *auteurs* et aux *artistes*, c'est tout autre chose. Et d'abord, point n'est besoin qu'ils demandent, obtiennent et paient un brevet ; la loi leur fait remise de cette peine et de ces frais : un privilége d'exploitation est de plein droit constitué à leur profit. Ce privilége dure, non point seulement pendant quinze ans, mais tant qu'ils vivent. Eux morts, leurs héritiers le conservent pendant cinquante ans encore. Ce délai passé, il subit une transformation qui l'amoindrit, mais il ne s'éteint point : la loi le maintient à perpétuité sous la forme d'un droit à une redevance.

Les grands serviteurs de l'humanité sont donc divisés en trois classes, comprenant :

La première, les *savants;*

La seconde, les *inventeurs industriels;*

La troisième, les *auteurs* et les *artistes.*

Qu'accorde-t-on à chacun ?

Rien aux savants : dès qu'elles sont connues, leurs découvertes tombent *gratuitement* dans le domaine public;

Très-peu aux inventeurs industriels, la concession d'un brevet, et, par cette garantie, un privilége d'exploitation dont le maximum de durée ne peut jamais dépasser quinze années;

Tout aux auteurs et aux artistes : leur droit ne s'éteint jamais !

32. — Telle est la loi, vue quant à ses dispositions essentielles et dans son esprit. Ses solutions sont-elles philosophiquement, moralement, économiquement et socialement logiques, justes et utiles? C'est l'un des problèmes difficiles que

notre époque essaie de résoudre. Les penseurs qui la dirigent ou qui l'éclairent, les plus illustres parmi eux, se sont mêlés à ce solennel débat. Ils l'ont élevé si haut par une si grande profusion d'idées, de raisonnements, d'aperçus ingénieux, de vues profondes et de connaissances variées, qu'il semble qu'ils aient après eux tiré l'échelle. Histoire, morale, philosophie, économie politique, tout a été épuisé pour en étendre la sphère et la porter à son plus haut degré de grandeur.

Toutefois, ce n'est point sans surprise, et surtout sans une grande tristesse que nous avons pu voir combien sont divisés, sur cette importante question, les écrivains qui en ont fait l'objet le plus aimé de leurs études. Il faut renoncer à dire les enthousiasmes et les colères qui se sont heurtés sur ce terrain de l'appropriation privée et perpétuelle des œuvres littéraires et artistiques. Glorifiée à l'excès par quelques-uns, elle a été par d'autres combattue à outrance. Tout milite en sa faveur, ont dit ses défenseurs; tout la démontre et l'approuve, la logique des choses, la philosophie, l'économie politique et jusqu'au simple bon sens. C'est un droit *sacré* et *souverain!* — Tout la condamne, ont répondu ses critiques; tout s'unit contre elle pour la combattre, le sentiment du beau, la science de la richesse, l'esprit du passé, l'esprit du temps, le devoir, et jusqu'aux notions de la plus vulgaire logique. C'est un droit *détestable* et *criminel!*

Ce qui est plus fâcheux, peut-être, c'est que des deux côtés le talent et la dialectique sont les mêmes; si bien qu'après avoir pesé les raisons fournies de part et d'autre, ce qu'on voit de plus clair en ce grave conflit, c'est qu'il implique des abstractions à rappeler cette parole désolée de Cicéron : *Harum sententiarum quæ vera sit Deus aliquis viderit.* Les plus habiles philosophes et les plus savants légistes ne seront donc point trop bons pour les dominer et s'en rendre les maîtres.

33. — Mon rôle en ce débat sera fort modeste. Je préciserai, afin de les mettre en lumière, les difficultés *principales* qui touchent au fond du sujet : les questions bien posées sont à demi résolues.

Les considérations invoquées pour ou contre les systèmes auxquels elles ont donné lieu n'ont point toutes la même valeur : j'exposerai celles qui m'ont le plus frappé ; j'élaguerai les autres.

Cette exposition faite, la matière étant alors préparée pour un jugement définitif, je dirai, en forme de conclusion, ce qui, selon mes propres lumières, doit être admis ou rejeté. C'est donc un *rapport* plutôt qu'un *plaidoyer* que j'entends faire.

Ce travail achevé, j'étudierai le projet dans ses détails, et notamment au point de vue de *sa codification*. Quoique accessoire, cette étude aura, je pense, son utilité.

CHAPITRE PREMIER.

Des questions touchant au fond du sujet.

§ Ier. De la question de savoir si les œuvres littéraires et artistiques
sont ou non des choses vénales.

34. — Un savant publiciste, j'oserai dire un grand esprit, quoique ses contemporains l'appellent *le sophiste*, M. Proudhon, a très-exactement engagé le débat. Une question capitale le domine, dit-il, tout entier : les œuvres littéraires et artistiques sont-elles *vénales* d'après leur nature et leur destination ? Faut-il dire, au contraire, que toute idée de vénalité et de trafic leur est antipathique ? Voila ce que tout d'abord il importe d'examiner.

M. Proudhon n'hésite point. Parmi les choses auxquelles nous attribuons une valeur, il en est, soutient-il, qui, par nature et destination, sont *vénales* et d'autres qui, également par nature et destination, ne le sont pas.

35. — Parmi les choses de la première espèce se place au premier plan la *religion*. Point n'est besoin d'insister à cet égard. Personne n'admettra jamais que le livre où Jésus-Christ déposa sa doctrine pût devenir un article de commerce. « Je ne vends point, dit-il lui-même, mon Évangile ; je le dois à quiconque y veut chercher le principe de sa vie. » Le roi David leva-t-il un tribut sur les psaumes ? A-t-on vu quelque part nos prêtres, le jour de la Fête-Dieu, imposer aux fidèles une taxe pour voir défiler la procession ? Donc ne craignons point de l'affirmer, les choses de l'ordre religieux ne sauraient tomber dans la vénalité.

36. — La *justice* a sa place non au-dessus ni au-dessous de la religion, mais à côté d'elle. Les magistrats qui en sont les ministres la donnent ou la disent; ils ne la vendent point. Parlez-leur de *prix*, de *salaire*, de *profits;* essayez de leur faire entendre qu'ils ne doivent que leur parole aux justiciables, et qu'ainsi il n'appartient qu'à eux d'assembler en volumes leurs sentences pour les exploiter commercialement, vous verrez de quels regards ils vous accueilleront!

37. — Selon les lois particulières aux brevets d'invention, les vérités morales, philosophiques ou scientifiques ne sont point susceptibles d'appropriation. Pour les penseurs qui les découvrent le désintéressement le plus absolu est de commande.

Ainsi, le philosophe, le moraliste, le savant, sont de même condition que le juge. Par cela seul qu'ils font profession de rectifier nos préjugés et de nous rendre meilleurs, la vérité les oblige. Ils nous la doivent; s'ils la vendent, ils la violent!

38. — La poésie, l'éloquence et l'art tiennent, par la plus étroite affinité, à la religion, à la justice, à la morale et à la philosophie; leurs destinées sont solidaires. Comment, en effet, se traduisent les sentiments religieux, comment s'enseigne la morale, si ce n'est par des poésies, par des chants, par des temples, par des statues, des peintures et des légendes? Dès lors que sont les écrivains et les artistes, si ce n'est les serviteurs et, de par leur génie, les défenseurs et les propagateurs du saint, du juste et de la morale, de véritables instituteurs publics travaillant, chacun à sa manière, comme le prêtre, comme le magistrat, comme le savant à l'exaltation et à l'amélioration de l'humanité? De même, a dit M. Dupanloup, que l'amour de Dieu féconde l'art, de même l'art aide à l'amour de Dieu. Sa plus haute théorie s'accorde ainsi avec l'élévation de nos dogmes. Partout il porte les hommes vers ces hautes régions où se développe en nous cette existence immatérielle, toujours en lutte avec les tristes réalités de la vie et dont la perfection ne se trouve qu'au sein de Dieu. C'est l'une des ailes données à notre âme pour la faire monter au ciel. Voilà pourquoi c'est une si grande chose et pourquoi nous le devons respecter comme une sorte de *culte*.

La poésie, l'éloquence et l'art sont donc, par nature, comme la religion, la justice et la vérité, des choses *inestimables* et, partant, *anti-vénales*. De même que la religion oblige le prêtre, la justice le magistrat, la vérité le savant, la beauté oblige le poète, l'orateur, l'artiste. Ils nous la *doivent*, puisqu'ils ne la cherchent et ne la manifestent que pour nous rendre plus beaux et meilleurs.

Ainsi, la mission du prêtre, du magistrat, du savant, du poète, de l'orateur et de l'artiste est d'enseigner ce qui est saint, de dire ce qui est juste, de démontrer ce qui est vrai, de répandre, en un mot, la beauté sous toutes ses formes *pour la seule joie* d'éclairer, de moraliser et d'embellir le monde. C'est par là qu'ils se distinguent des producteurs industriels. Ceux-ci travaillent pour eux, ceux-là travaillent pour nous : ce qu'ils font se résume en un acte de foi et de dévouement.

39. — Donc, de par la nature même des choses, les produits de l'activité humaine sont de deux sortes, savoir :

D'une part, les produits destinés à la consommation physique : ceux-ci forment la catégorie de *l'utile*. Ils *s'échangent* et, par conséquent, se *paient* valeur pour valeur.

D'autre part, les produits destinés à notre perfectionnement intellectuel et moral : ceux-là forment la catégorie du *saint*, du *juste*, du *vrai* et du *beau*. Toute idée de trafic leur est antipathique ; on ne les vend point, on les distribue *gratis*.

40. — Toutefois, comme le prêtre et le magistrat doivent, pour subsister, consommer des utilités vénales, il est bon et, juste que la société les défraie et fournisse à leurs besoins. Partout, dans tous les temps, les peuples ont voulu sauver l'honorabilité du prêtre, du magistrat, du professeur, en les plaçant au-dessus des tentations de l'avarice et des angoisses de l'indigence. Mais partout aussi on a compris que les fonctions auxquelles les a préposés leur dévouement ou leur savoir ne se *paient* point. Jamais personne n'a songé à les *salarier*. L'Etat leur accorde des traitements, des honoraires, en un mot, des subventions ou rémunérations qui les mettent au-dessus du besoin ; mais, notons-le, ce n'est plus ici le produit qui est vendu : c'est le producteur qui est secouru.

41. — Cette notion s'impose par son évidence même. Donc, appliquons-la aux écrivains et aux artistes : traitons-les comme le prêtre, comme le magistrat, comme le professeur, puisque

leurs conditions sont semblables. Que la loi, pour les rémunérer et leur venir en aide, leur concède, si ce mode de rémunération lui paraît convenable, le droit exclusif, mais temporaire, d'exploiter pécuniairement leurs œuvres ; qu'elle prolonge ce privilége même au-delà de leur existence, pendant un certain temps, ce sera justice. Mais n'allons pas plus loin, ne souffrons point qu'à genoux devant le veau d'or ils fassent métier du verbe dont ils sont les hérauts. Si nous conduisons les lettres et les arts à la foire, il n'y aura plus rien que nous puissions appeler beau, généreux, sublime et sacré. Tout sera passé dans la balance mercantile, évalué à prix d'argent, matérialisé. L'art ne sera plus qu'un commerce de bimbelots, la littérature un article de la confection parisienne. Nous réaliserons ainsi l'ironie d'Horace faisant de la philosophie une étable à pourceaux.

42. — Prenons y garde ! l'idée de propriété implique la notion de l'impôt. Or, un impôt sur la science, sur les lettres et sur l'art serait aussi impie et non moins odieux qu'un impôt sur la piété, sur la morale ou sur la justice.

43. — Voilà, dit en terminant l'auteur dont je résume la doctrine, « des vérités qui ne se démontrent point par le syllogisme ; elles se sentent, pour peu qu'on ait de sens moral, aussi certainement que l'on sent l'indignation, le repentir ou l'amour. Donc, en dernière analyse, je ne puis que faire appel au sens intime de mes lecteurs, leur déclarant franchement qu'au cas où leur âme aurait cessé de vibrer à cet appel du beau, du juste, du saint et du vrai, je serais à leur égard sans aucun moyen de conviction, mes raisonnements seraient en l'air ; j'aurais perdu mon temps et mes paroles (1). »

44. — Ses lecteurs, sans doute, accepteront le défi. Nous l'avouons, diront-ils, nous le déclarons sans rougir, notre âme ne vibre point aux piperies de ce faux et pompeux sentimentalisme. Cette esthétique sonore n'est au fond, nous l'allons établir, qu'un pur artifice de langage, un masque.

La plupart de nos disputes, Montaigne nous l'apprend, sont « grammairiennes. » Notre Pascal moderne, M. Laboulaye, ne s'y est point non plus trompé : « L'homme, dit-il, est un animal qu'on amuse et qu'on trompe avec des mots. »

(1) *Des majorats littéraires.*

Ces propositions paraîtront paradoxales peut-être; mais à y bien réfléchir, on les trouvera fort sensées. Les mots se prêtent, en effet, si facilement à tant de sens divers que, pour peu qu'on soit habile à les manier, on peut leur faire dire tout ce qu'on veut, comme aux sibylles. C'est ainsi que les expressions *vénalité, prix, salaire, métier, marchandise, commerce, vendre, acheter et trafiquer* peuvent, au gré de celui qui les emploie et selon le tour qu'il leur donne, s'appliquer tantôt à des faits que les lois de la nature et celles de la morale condamnent, tantôt, au contraire, à des actions parfaitement naturelles et non moins essentiellement morales.

Qui ne se souvient avoir entendu dire du magistrat qui se laisse corrompre, qu'il fait *métier et marchandise de la justice*; de l'homme public qui se laisse séduire, qu'il *vend sa conscience*; de la femme qui se livre pour de l'argent, qu'elle *trafique de ses charmes*. En ces divers cas, ces expressions *métier, marchandises, vente, trafic,* expriment une action basse et honteuse. Mais qu'y a-t-il de plus naturel et de plus légitime qu'un producteur vende ou échange contre d'autres produits la valeur qu'il a créée par son travail? Comme tous les travailleurs, les écrivains et les artistes sont des producteurs de valeurs. Dès lors qu'y a-t-il de plus naturellement logique et de plus rationnellement juste que, à l'exemple des autres producteurs, ils utilisent leurs produits par la voie du commerce?

Eh! quoi, s'écrie-t-on, vous vous résignerez à considérer *comme des marchandises* les œuvres de littérature et les œuvres d'art!

Point n'est besoin de nous y résigner. Nous le reconnaissons, et notre aveu ne nous coûte ni aucun effort ni aucune honte, les produits des lettres et des arts sont, par leur nature et d'après leur destination, des valeurs échangeables au même titre que les autres produits et, partant, de véritables *marchandises.* « Les sciences, selon Lamotte, sont les *marchandises* les plus précieuses qui puissent entrer dans le commerce des hommes. »

Partant, nous dit-on en s'indignant, l'art est un *gagne-pain* et la littérature *un métier* !

Eh! sans doute! Mais qu'y a-t-il à cela de si honteux et de

si extraordinaire? Nous avons dans la société des métiers de toute sorte, des métiers vulgaires, des métiers faciles, de grands, de nobles et difficiles métiers, le métier des armes ou de la guerre, le métier ou l'art de gouverner les hommes. « Le *métier* de souverain, selon l'expression de l'empereur Julien, surpasse les forces de l'homme ; il demande un Dieu. » « Du *métier* des rois, a dit je ne sais plus quel poète, tu le devrais instruire. » Les lettres et les arts sont des métiers, mais les premiers parmi les plus nobles.

Ainsi, conclut-on en s'indignant de plus en plus, les poètes et les orateurs sont dés *trafiquants!*

Tous les points d'exclamation n'y feront rien. Nous en faisons l'aveu sans nous voiler la face, si c'est *trafiquer* que vendre ses propres produits, les auteurs et les artistes qu vendent leurs œuvres sont bel et bien de véritables *trafiquants;* mais, si nous ne nous trompons, cette qualification ne convient qu'aux spéculateurs qui, se plaçant comme intermédiaires entre les producteurs et les consommateurs, achètent aux uns les produits qu'ils vendent aux autres.

45. — Ces expressions à double entente de *vénalité, métier, marchandises, mercenarité* et *salaire* ne sont bonnes qu'à masquer de puériles et ridicules déclamations ; laissons-les-là et discutons.

La religion et la justice, nous dit-on, répugnent par leur nature et leur destination, à toute idée de *vénalité* et de *trafic ;* les lettres et les arts ne sont que les serviteurs ou les auxiliaires de la religion et de la justice ; donc ... etc.

Nous regrettons de voir la religion mêlée à ce débat. Elle tient à l'ordre divin ; notre matière est exclusivement humaine : comment donc raisonner de l'une à l'autre? Nous ne comprenons pas bien d'ailleurs le sens qu'on attache à cette proposition de la non-vénalité de la religion. Veut-on dire que le *lien qui unit l'homme à Dieu* ne peut point devenir un article de commerce? Que *la foi qui nous le fait aimer* est hors de toute vénalité, et qu'ainsi elle ne se peut ni acheter ni vendre? Ce sont là assurément des vérités incontestables ; mais quel rapport ont-elles avec notre sujet?

Veut-on nous faire entendre que, la religion étant anti-vénale tout travail entrepris pour la servir doit être fourni *gratis?* nous protestons alors contre cette donnée. « J'annonce l'évangile, je vis de l'évangile, » dit l'apôtre. Tout travail humain, quand il est honnête et utile, appelle, en effet, et mérite un *salaire*. Il faudrait, pour nous contredire à cet égard, que l'évidence n'eût point de clarté. Le prêtre est donc un *salarié*; il donne son travail et il en reçoit le *prix*. Vainement prétend-on que ce qu'on lui alloue n'est qu'un *secours* : si l'argent qu'il reçoit n'était pas un *prix*, ce serait une *aumône!* On a, nous ne l'ignorons point, fait de grands efforts pour établir que le *salaire* se distingue, par des différences essentielles, du *traitement* ou des *honoraires*. Ces distinctions ne nous touchent point : nées de l'orgueil humain, elles ne sont propres qu'à créer des catégories de conditions, aussi fausses que vaines. Ne nous laissons point prendre aux mots; allons droit aux réalités. Quiconque stipule en échange de son travail une somme d'argent qui le fera vivre est un *salarié*. Quelques-uns s'effarouchent du mot; il n'y en a point, selon nous, de plus noble.

Un poète chante les louanges de Dieu; un artiste retrace sur la toile les actes du Christ : ce poète et cet artiste recevront le *prix* de leur *travail*. Mais, dit-on, ils ont mis leur talent au service de la religion! raison de plus pour les bien *payer*. S'ils refusent le salaire qui leur est dû en échange de l'utilité qu'ils ont produite, tout le monde applaudira à leur sacrifice. Mais l'héroïsme ou le dévouement ne peut être qu'un acte spontané de notre libre arbitre. S'il était imposé, il n'existerait pas.

Ce que nous disons des prêtres et des travailleurs religieux s'applique également aux magistrats et à tous ceux qui, par leurs travaux, se constituent, indirectement, les serviteurs de la justice et du droit. Si les magistrats n'ont point la propriété privée de leurs sentences, si toute personne les peut utiliser à son profit, même en les exploitant commercialement, c'est que l'État, qui les *achète*, et auquel, par conséquent, elles appartiennent dès qu'elles sont rendues, consent, dans un intérêt social bien compris, à les laisser passer de son domaine dans le domaine public. Quant aux auteurs juridiques, ils travaillent pour eux, puisqu'ils ne sont point aux gages de l'État. Nul dès lors ne peut toucher à leurs œuvres qu'ils n'y consentent.

46. — En somme, nous divisons la société en cinq classes, comprenant :

La première, ceux qui, ayant un capital acquis et assez fort pour suffire à leurs besoins, peuvent vivre sans travailler, les *propriétaires;*

La seconde, ceux qui, aspirant à ce titre tant envié de pro-propriétaires, ne le veulent conquérir que par la bonne voie, les *travailleurs;*

La troisième, ceux qui trouvent plus commode de vivre du travail d'autrui, les *voleurs* et les *mendiants;*

La quatrième, ceux que l'âge ou des infirmités rendent incapables de pourvoir, par leur travail, à leurs besoins, les *pauvres;*

La cinquième, ceux qui se dévouent pour rien au service de l'humanité, les *demi-dieux.*

La société protége les *propriétaires;*

Elle punit les *voleurs* et les *mendiants;*

Elle accorde des aumônes ou des secours *aux pauvres;*

Elle a des couronnes pour les *hommes de dévouement et de sacrifice.*

Aux *travailleurs,* elle laisse ce qui vient d'eux, leur œuvre ou le fruit de leur travail.

Les auteurs et les artistes ne sont ni des *propriétaires,* ni des *voleurs,* ni des *mendiants* ni des *pauvres;* ce sont des *travailleurs!* à eux donc les fruits de leurs travaux, ou la propriété de leurs produits !

Que si, par quelque grâce divine, ils consentent à mettre pour rien leur talent et leur labeur au service de l'humanité, la société, les voyant si grands, battra des mains à leur passage; mais, encore une fois, l'héroïsme n'est point matière de droit.

47. — Ces vérités sont élémentaires ; elles défient, par leur évidence même, tous les paradoxes entassés autour d'elles. Vainement s'efforce-t-on de nous effrayer par les plus terribles prédictions. Si, nous dit-on, les auteurs et les artistes peuvent trafiquer de leurs œuvres, les lettres et les arts sont perdus! Que le lecteur se rassure. La grandeur ou la faiblesse des productions de l'esprit ne dépendront jamais de la rémunération qui leur est réservée. Ainsi que l'a très-éloquemment dit notre savant ami M. Ballot, « Le génie habite à d'autres hauteurs ; il éclate et se produit parce qu'il est le génie, et non parce qu'il a sur sa route des *prix* ou des *récompenses.* »

§ II. De la question de savoir si, étant admis que les œuvres littéraires et artistiques sont *vénales*, elles répugnent, par quelque autre côté, à *l'appropriation*.

I.

48. — Une difficulté toute juridique a été soulevée.

Notre Code, a-t-on dit, distingue les *droits* des *choses* mêmes sur lesquelles ils sont établis.

Les *droits* que nous avons sur les *choses* ne tombent sous aucun de nos sens : pour les saisir, il faut un travail de l'esprit. Les droits sont, par conséquent, des objets *intellectuels* ou *incorporels*.

Les *choses*, au contraire, ont toutes un corps réel qui les constitue matériellement saisissables. Partant, il n'y a point de *choses incorporelles*.

« La propriété, l'article 544 nous l'apprend, est le droit d'user et de disposer des *choses* de la manière la plus absolue... »

Combinées entre elles, ces diverses propositions nous révèlent la véritable pensée des auteurs de notre Code : pour eux, la propriété ne peut exister que sur un objet *matériel* ou *corporel*.

Suivons cette donnée.

Que l'auteur soit *propriétaire* de son manuscrit et des exemplaires qu'il en fait tirer, cela se conçoit sans peine : ce manuscrit, ces exemplaires, sont de véritables objets *corporels;* rien dès lors ne fait obstacle à leur appropriation.

Ce qui y est contenu, *l'œuvre* de l'auteur, s'analyse, au contraire, en un objet purement intellectuel ou *incorporel*; donc, le Code Napoléon nous l'enseigne, point d'approbation possible !

49. — La réponse est facile. Il est bien vrai que, d'après le Code précité, la propriété ne s'établit que sur des objets *corporels;* mais quiconque est familier avec la langue du droit, sait que le mot *propriété* a été, du consentement universel des légistes, employé dans un sens général pour exprimer le droit exclusif d'user et de disposer des objets *quels qu'ils soient*, corporels ou intellectuels. C'est ainsi que les rédacteurs du Code de commerce ont été amenés à considérer comme une véritable *propriété* le droit qu'a un créancier de

disposer *de sa créance* (art. 136, C. com.). Or, cette terminologie admise, que devient l'objection proposée ?

50. — J'admets que, d'après le Code Napoléon et selon le Code de commerce lui-même, les objets *incorporels* soient réellement *inappropriables :* qu'en pourra-t-on conclure ? Que leur nature et la notion de l'appropriation sont entre elles antipathiques? Voilà précisément ce qu'il faudra établir ! Sinon, il restera évident que ce que le Code Napoléon et le Code de commerce n'ont point fait, la loi nouvelle le pourra faire.

51. — Est-il bien vrai d'ailleurs que les œuvres littéraires soient des objets *immatériels ?* Il en est ainsi, sans doute, tant qu'elles demeurent dans l'esprit de l'auteur, à l'état de pures conceptions ; mais nous parlons des œuvres *écrites!* Or, les conceptions de l'esprit acquièrent, par leur combinaison avec la matière, un corps réel qui en fait de véritables objets corporels. Ce n'est point, il est vrai, par les *mains* qu'elles sont saisissables ; elles ne le sont que par les *yeux;* mais qu'importe ? La *vue*, dit Buffon, n'est qu'une espèce de *toucher*.

II.

52. — Une objection plus sérieuse appelle notre attention. La propriété individuelle consistant dans le droit d'user et de disposer, *à l'exclusion de toute autre personne*, de l'objet qu'elle affecte, il est impossible, a-t-on dit, de la concevoir quant aux choses qui par leur nature ne sont point susceptibles de possession *exclusive ou individuelle.*

Cette possession individuelle ou exclusive, un champ, une maison, un cheval, un vêtement, la comportent ; bien plus, ils la sollicitent. Par leur nature même, ils appellent un possesseur unique : l'idée de jouissance commune leur est, en quelque sorte, antipathique. De là, l'établissement logique de la propriété ordinaire.

Quant aux œuvres de l'esprit, c'est l'inverse qui a lieu. Je ne dis point seulement que par leur nature elles se prêtent, avec une merveilleuse facilité, à une jouissance commune ; pour être dans le vrai il faut aller plus loin : en fait, il n'est point possible d'en être le possesseur *unique*. Dès que, en effet, l'auteur publie son œuvre, bon gré mal gré, elle lui échappe ;

le domaine des intelligences l'attire à lui, s'en saisit et en fait
une chose commune. Vous avez écrit et publié des vers ; ces
vers, vous pouvez les lire pour charmer vos ennuis : ne le
puis-je pas comme vous? Vous pouvez en enrichir votre mémoire : m'empêcherez-vous de les apprendre? Vous pouvez
les réciter devant vos parents et vos amis assemblés : n'est-ce
pas également mon droit? Vous pouvez les faire imprimer et
en tirer tel nombre d'exemplaires qu'il vous plaît d'avoir: ne
puis-je point, si cela me plaît, les faire imprimer à mon tour?
Tout ce que vous pouvez, je le puis; ce que nous pouvons,
tout le monde le peut. Vainement, essaieriez-vous de reprendre vos vers : les faits s'y opposent. La tradition, sinon les
exemplaires qui les ont répandus dans le monde intellectuel,
les y maintiendra à perpétuité. Or, comment, en présence de
cette jouissance *universelle*, concevoir l'établissement d'une
propriété *individuelle* ou *exclusive?*

53. — L'argument est pressant; néanmoins, on y peut répondre.

J'ai composé un traité de philosophie : tant que je n'aurai
point publié mon œuvre, personne, si ce n'est moi, n'en
pourra jouir. Remarquez que, pour en avoir la jouissance exclusive, je n'ai pas besoin du secours de la loi: la nature même
des choses y suffit.

Seul donc, j'ai le droit d'en jouir. J'en ai en outre l'*abusus*
complet : si cela me plaît, je puis la détruire.

Je la fais imprimer et vends, à ceux qui la veulent connaître,
les exemplaires que j'en ai tirés : les acquéreurs de ces exemplaires peuvent, sans doute la lire, l'étudier, l'apprendre et la
communiquer à leurs parents et amis; mais ce droit de jouissance de qui le tiennent-ils? N'est-ce point moi qui, volontairement, le leur ai transmis ? Ils l'ont, parce que je le leur ai cédé
et qu'ils m'en ont payé le prix. Si je l'eusse voulu, ils ne l'au-
raient pas. Donc, bien loin que leur jouissance implique la
négation de mon droit, elle le suppose, au contraire, elle l'affirme (1) !

54.—La jouissance que je leur ai cédée et dont j'ai touché
le prix, n'est d'ailleurs qu'une *portion* de mon droit. Quelles
facultés sont, en effet, les miennes? Je puis lire et apprendre

_____

(1) M. Herold, *Revue pratique*, t. XIII, p. 408.

mon œuvre pour ma satisfaction personnelle, ou la réciter pour l'agrément et l'instruction de mes amis. Ce n'est pas tout, je puis, en outre, la reproduire indéfiniment, et, à chaque publication nouvelle, vendre, si je trouve de nou-veaux acheteurs, les exemplaires de ma seconde, de ma troi-sième...., de ma vingtième édition. Or, quand je vends l'un de ces exemplaires, quel traité fais-je avec mon acheteur? En retour du prix qu'il me promet, je consens à lui communi-quer mon œuvre, afin qu'il puisse en tirer tout le *profit in-tellectuel*, tout le *plaisir moral* que sa nature comporte. Quant au droit de *l'utiliser commercialement*, il n'en est point question entre nous. La modicité même du prix dont nous sommes convenus montre clairement que cette prérogative est restée étrangère à notre contrat. A quel titre dès lors y pourrait-il prétendre?

Si ce droit me reste, si je l'ai entier, exclusif et perpétuel, par cela même le *jus abutendi* ne me quitte point. Il me suf-fira, pour en user, de ne point publier d'édition nouvelle et de laisser le temps faire, quant aux exemplaires déjà vendus, son office ordinaire de destruction. Qu'on ne dise point que la tradition perpétuera, dans le domaine des intelligences, ma prose ou mes vers : la tradition ne saurait, sans un secours divin, opérer un tel miracle.

55. — Après tout, que prétend-on? Que la propriété des œuvres littéraires ne se conçoit ni en fait ni en droit, ou, en autres termes, qu'il est impossible de l'organiser efficace-ment. Or, l'expérience a démontré qu'en droit comme en fait, sa constitution n'implique aucun obstacle insurmon-table. Et, en effet, n'existe-t-elle point déjà? Les lois qui la régissent l'ont, il est vrai, mutilée dans sa durée ; mais, ainsi que l'a très-bien fait observer M. Batbie (1), si on a pu l'organiser et la défendre pendant un certain temps, il est clair que, pour la constituer et la protéger à perpétuité, il suffira de le vouloir.

III.

56. — Une transaction particulière aux œuvres littéraires a été proposée. Leurs auteurs, a-t-on dit, en sont les *pro-priétaires*, et, partant, les maîtres absolus. Ce principe, nous

(1) *Précis du cours de droit public et administratif*, t. II.

l'admettons; mais sous cette expression *œuvre* que faut-il entendre? A ne suivre que la donnée qu'implique le mot *œuvre*, tel qu'on l'entend dans le sens habituel, un critérium bien simple et infaillible, à ce qu'il semble, s'offre naturellement à notre esprit. Une *œuvre* littéraire n'est, en effet, et ne peut être que ce qui réellement est *l'ouvrage* de l'auteur, *ce qui vient de lui*, en un mot, ce qu'il a *produit* ou *créé*.

Cette notion admise, supposons qu'un livre soit publié : qu'y a-t-il en ce livre qui soit véritablement l'*œuvre* ou l'*ouvrage* de l'auteur? C'est demander *ce qu'il a fait*. Ce qu'il a fait, le voici : il a exprimé et décrit des idées; il les a agencées d'une certaine façon et fait de son mieux pour leur donner de l'éclat et du relief; il a voulu qu'elles portassent le sceau mystérieux de son intelligence et des sentiments de son cœur, afin que, modelées à son image, elles le fissent reconnaître. La description qu'il en a faite, les expressions qu'il a choisies pour les décrire, l'ordre qu'il a suivi pour les mettre en lumière, constituent ce que nous appelons *sa manière, sa forme* ou *son style*.

Son style, voilà *son œuvre*, ce qui est comme la manifestation de sa personnalité, ou une portion de lui-même; voilà ce qui est *sien*, et, par conséquent, lui est *propre*.

Quant aux *idées* qu'il a exposées et décrites, elles ne viennent point de lui, il n'en est point l'*auteur*. Les idées sont, en effet, comme les corps, *hors de nous*; partant, et de même qu'il ne nous est point donné de créer un seul atome de matière, nous ne pouvons de même produire aucune idée. Ce que l'homme produit du sien dans l'ordre des lettres, comme dans celui de l'industrie, ce n'est, selon **M.** Proudhon, ni la matière, ni les idées. La matière nous est donnée par la nature dans les corps : l'homme ne saurait ni la créer ni la détruire. Les idées et les lois nous sont données dans la contemplation des choses : l'homme n'en peut inventer ni supprimer une seule. Les idées ne dépendent point de lui; il ne les crée point, il les *reçoit*. Il ne fait point la vérité, il la *découvre;* il n'invente ni la beauté ni la justice, il les *voit*.

57. — Prenons une analogie dans l'ordre des sciences : un contemplateur du ciel y découvre des étoiles que les ombres de la nuit cachent aux regards du vulgaire; sa découverte faite et afin de rendre visibles à tous les yeux les merveilles

célestes dont il a le secret, notre savant fabrique une lunette de longue vue : n'est-il pas vrai que, tandis que la lunette qu'il a *créée* est *sienne*, les étoiles qu'il a découvertes ne sont à personne ou, ce qui revient au même, sont à tout le monde ? Or, une idée, qu'est-ce ? Une lumière cachée dans les profondeurs de cet inconnu que nous appelons le fonds commun intellectuel. Et l'auteur qui la découvre, qu'est-ce ? Un *voyant*. Et son livre, qu'est-ce encore, si ce n'est l'instrument à l'aide duquel il montre au vulgaire l'idée que par l'effort de sa contemplation il a pu, lui, voir à l'œil nu ?

58.—Ce qui est vrai des *idées* l'est également du *sujet* qu'elles mettent en lumière. Un auteur *cherche* son sujet et le développe après l'avoir *trouvé*. Il ne le *crée* jamais. Ainsi, certainement, personne ne voudra soutenir que M. Thiers qui a écrit *l'Histoire de l'Empire* est *l'auteur* de son sujet. L'ordre des choses existantes le lui a livré tout fait.

59. — A le supposer juste, ce système conduit aux conséquences suivantes :

L'œuvre d'un auteur consiste tout entière dans *la forme* particulière qu'il a appliquée aux idées qu'il a décrites.

Son *style* étant sien, quiconque le lui dérobe commet un vol.

Le *sujet* sur lequel il a écrit et les *idées* par lesquelles il l'a développé ne viennent point de lui ; partant, il n'en a point la propriété.

D'où pour tous autres auteurs le droit, 1° de traiter le *même sujet;* 2° d'exposer à nouveau, en une forme qui leur soit propre, les *mêmes idées.*

C'est ce qu'exprime très-bien l'un des défenseurs les plus éloquents de la propriété littéraire. «Les idées, dit M. Laboulaye, sont de ces choses communes qu'il est aussi impossible de s'approprier que l'eau de l'Océan ou l'air du ciel. Je me sers des idées qui sont en circulation, mais *je n'en fais pas ma propriété...* Bossuet écrit *une Histoire universelle;* Montesquieu publie *l'Esprit des lois;* cela empêche-t-il quelqu'un de faire une autre histoire universelle, d'imaginer un nouvel esprit des lois...? Faites une histoire de Napoléon et profitez des recherches de M. Thiers ; mais ne réimprimez pas *le texte* de son livre, car ce serait un délit matériel aussi manifeste que le vol des fruits qui poussent dans mon champ (1). »

______

(1) *Etude sur la propriété littéraire,* par MM. Laboulaye père et fils.

60. — Ainsi, selon cette donnée, un auteur ne fait rien de déloyal ou d'illicite lorsque, traitant un sujet dont un autre auteur a déjà traité, il expose, *en une forme qui lui est propre*, les idées que lui a fournies l'auteur qui l'a précédé. Il est vrai que ce faisant il pourra nuire à ce dernier. Si, en effet, des deux œuvres la seconde l'emporte sur la première, celle-ci verra sa valeur pécuniaire tout au moins fort amoindrie ; mais à quel titre son auteur pourrait-il s'en plaindre ? Son rival n'a fait *qu'user de son droit ;* partant sa responsabilité est sauve.

61. — Ce système a ses critiques (1). L'homme, ont-ils dit, a un double but à remplir : corps et âme, il *doit* vivre matériellement et intellectuellement.

Sa destinée étant double, Dieu a créé, afin qu'il puisse la remplir, des forces matérielles et intellectuelles qui sont comme les principes de la vie corporelle et intellectuelle.

Ces forces existent assemblées en un fonds commun où elles attendent que l'homme les vienne prendre pour se les appliquer.

Ce fonds commun répugne, sans doute, par la nature même de son objet, à toute appropriation individuelle. Mais dès que nous y venons puiser ce que nos besoins réclament, les parties que nous en détachons par l'effort de notre travail deviennent, à l'instant même, *nôtres*, puisqu'elles sont, de par la volonté divine, affectées individuellement à notre personne.

Ainsi, l'air considéré en masse dans l'atmosphère, l'eau envisagée dans son volume continu et incessamment renouvelé, la terre prise en bloc, les animaux vivant par bandes à l'état sauvage sur le sol ou dans la profondeur des eaux, ne sont point susceptibles d'entrer dans notre domaine privé. Mais personne ne doute que les objets détachés de ce fonds commun ne puissent devenir la propriété particulière de ceux qui, ayant fait effort pour les posséder individuellement, en sont, de fait, devenus les maîtres.

Voilà une pièce de terre qui est vierge de toute possession ; je m'y établis et y applique tout l'effort de mon activité individuelle. Elle était inculte et stérile ; je l'ai arrosée de mes sueurs ; c'est maintenant une terre féconde : désormais elle

---

(1) V. notamment M. Breulier, *Du droit de perpétuité de la propriété intellectuelle.*

sera mienne. Certes, ce n'est point moi qui l'ai *créée*; elle n'est point *mon œuvre;* mais en la détachant du fonds commun où elle attendait l'effort de l'homme pour devenir réellement utile, j'en ai fait *une valeur.* Or, si cette valeur vient de moi, si je ne l'ai ravie à personne, quoi de plus juste qu'elle reste *mienne ?*

Voyageur égaré, je recueille dans une forêt où nul avant moi n'a pénétré une branche d'arbre dont je fais des sabots : dira-t-on que si ces sabots m'appartiennent en tant que sabots, en tant que matière, je n'y ai aucun droit ? Mais si la matière que j'ai façonnée demeure dans le fonds commun d'où je l'ai tirée, comment puis-je l'avoir quant à la *forme* sous laquelle elle existe? N'est-il pas vrai que ces choses forment un tout indivisible, et qu'ainsi, à moins de soutenir que rien ne m'appartient, on est obligé de reconnaître que tout est mien, forme et fond?

Ce n'est point moi assurément qui ai *fait* l'eau jaillissante d'une fontaine publique : cependant si j'en emplis ma cruche, quelqu'un doutera-t-il que l'eau que ma cruche enferme ne soit à moi?

Je n'ai point *créé* l'animal que j'ai pris ou tué à la chasse : il est à moi, cependant !

Ces choses, je ne les ai point *produites*, sans doute; elles ne sont point *mon œuvre;* mais je les ai, par mon travail, conquises sur la nature. Ma conquête en a fait des *valeurs;* voilà pourquoi elles sont miennes !

Ces principes n'admettent point d'exception. L'homme, on ne saurait le nier, ne *fait* point les idées qu'il exprime : oui, elles existent, de toute éternité, confuses et comme perdues dans ce fonds commun où chaque intelligence viendra puiser la portion de matière sur laquelle elle exercera son activité morale; mais pour y découvrir l'idée que Dieu lui offre toute faite, il la faut chercher et partant faire effort; mais pour la dégager de ce fonds commun où elle existe stérile, il faut lui donner un corps qui, en l'individualisant, la rende sensible, et, partant, prendre de la peine.

Dès qu'elle est individualisée et rendue sensible, elle devient *une valeur.*

Or, *cette valeur,* à qui sera-t-elle, sinon à *son auteur?* Elle est *son œuvre,* puisqu'il l'a créée par l'effort de son travail; il ne l'a ravie à personne : la plus stricte justice et le plus vulgaire bon sens nous enseignent donc qu'elle lui est exclusivement *propre* ou, en autres termes, qu'elle est sa *propriété.*

62. — A l'ouvrier quel qu'il soit le fruit de son travail. « Un « homme, dit M. Lamartine, dépense ses forces à féconder un « champ : ce champ est à tout jamais sien. Un autre homme « dépense sa vie pour enrichir l'humanité de l'une de ces « idées qui transforment le monde... *son idée* est éclose ; elle « devient une richesse ; cette richesse est à lui. »

C'est en partant de cette donnée, sans doute, que le prince Napoléon, aujourd'hui Sa Majesté impériale, a été conduit à assimiler, afin de lui en attribuer toutes les prérogatives, la propriété littéraire à la propriété terrienne. « L'œuvre intellectuelle, a-t-il dit, est une propriété *comme une terre, comme une maison;* elle doit jouir des mêmes droits. »

63. — Si j'ai bien compris ce système, l'écrivain qui a publié un livre serait propriétaire : 1° du *sujet* sur lequel il l'a composé; 2° des *idées* qu'il y a décrites; 3° de la forme par laquelle il les a rendues sensibles.

Ainsi, la loi nouvelle irait jusqu'à *partager* le monde des idées ou le domaine spirituel, à l'instar du monde de la matière ou du domaine terrestre.

64. — Les auteurs de cette assimilation oseront-ils en déduire les conséquences que la logique comporte? Je les mets sous leurs yeux.

Si leur donnée est bonne, ils devront dire :

1° Nul ne pourra traiter un sujet qui déjà aura été traité par un autre.

Ainsi, conclut M. Proudhon, auquel j'emprunte cette fine raillerie, voici Virgile, qui dans un poème auquel il consacra onze années de labeur, a labouré le champ des traditions latines; il a fait naître des fleurs et des fruits sur ce sol où il n'y avait auparavant que des ronces. Donc, Virgile mort, à ses héritiers ou ayant-cause, le droit d'exploiter exclusivement ce domaine traditionnel, de chanter Evandre..., de célébrer les héros et les gloires de Rome. Défense à tout contrefacteur et plagiaire de dire les amours de Didon, de mettre en vers la doctrine platonique de Numa, de reproduire les mêmes fictions. Lucain ne publiera pas sa *Pharsale* : ce serait un empiétement sur le domaine virgilien. Dante lui-même devra s'absenir : sa Descente aux enfers, même en compagnie de Virgile, serait un vol.

2° Nul ne pourra reproduire, dans le livre auquel il donnera son nom, les idées exposées dans le livre d'un autre; il ne le pourra pas, soit qu'il les copie textuellement, soit qu'il les produise en une forme à lui propre; il ne le pourra pas, même en indiquant la source où il les aura puisées. Vainement bornera-t-il ses emprunts : une seule idée tirée du domaine d'autrui en fera un contrefacteur.

« Cette idée, dira l'auteur qui l'aura exprimée le premier, c'est *ma chose, mon bien*, une portion, en un mot, de mon patrimoine; personne donc n'y peut toucher sans mon consentement. Voici un auteur qui me l'a prise de sa propre autorité ; qu'il me la rende ! »

Quelle fin de non-recevoir ce dernier pourra-t-il lui opposer ?

S'il a ignoré que l'idée qu'il a décrite était dans le domaine privé d'un premier *propriétaire*, son honneur sera sauf sans doute, mais il cesserait d'être loyal si, sachant qu'elle est à un autre, il persistait à la faire sienne.

S'il l'a reproduite textuellement et sans nommer l'auteur chez lequel il l'a prise, ce qu'il a fait est un vol.

Il sera moins coupable s'il a eu le soin, d'une part, d'en modifier la forme, et, d'autre part, de faire connaître l'auteur auquel elle appartient; mais, même en ce cas, il le sera encore. Vainement dira-t-il que, la lui attribuant, il aide à sa réputation, et qu'à supposer que pécuniairement il lui fasse préjudice en la répandant sans le secours de son livre, le dommage qu'il lui causera sera à peine sensible : il n'y a point, en cette matière, d'infiniment petit. Ainsi, que l'a très-élégamment dit M. Gournot (1), la propriété d'un brin d'herbe vaut, de par la souveraineté domaniale, la propriété d'un palais !

64. — On voit combien sont graves les problèmes qu'engage la détermination exacte de ce mot *œuvre*. Nous les retrouverons, pour les résoudre, lorsque nous aurons à traiter du plagiat et de la contrefaçon.

____

(1) *Du principe des droits d'auteur et de la perpétuité.*

§ III. De la question de savoir : 1º si la propriété littéraire et artistique, à supposer qu'on la constitue, devra être déclarée perpétuelle ou simplement temporaire ; 2º si sa perpétuité, telle que l'entend et l'organise la loi proposée, place les auteurs et les artistes à côté, au-dessous ou au-dessus des propriétaires fonciers.

I.

65. — Les adversaires de la perpétuité de la propriété littéraire et artistique invoquent contre elle la notion de la *collaboration de l'humanité avec l'auteur*. Rien, ont-ils dit, ne se produit par l'effort *isolé* de l'homme ; sans qu'il le sache, tout producteur a d'innombrables collaborateurs. La société, selon M. Proudhon, est un groupe. Elle existe d'une double existence, et comme unité collective et comme pluralité d'individus. Son action et sa pensée sont, par conséquent, *collectives et individuelles*. Tout ce qui se produit dérive de cette double origine.

L'action de l'humanité associée à l'effort individuel des travailleurs n'est nulle part plus manifestement visible qu'en matière littéraire. Parmi nos grands écrivains, les plus illustres en font volontiers l'aveu.

Écoutons tout d'abord notre judicieux Montaigne : « Nos « opinions, dit-il, s'entent les unes sur les autres ; la première « sert de tige à la seconde, la seconde à la tierce : nous éche- « lons ainsi de degré en degré ; et advient de là que le plus « haut monté a souvent plus d'honneur que de mérite, car il « n'est monté que d'un grain sur les épaules du pénultième. »

Pascal ne le cède ni en gentillesse ni en franchise au philosophe gaulois : « Je remarque, nous apprend-il, que cer- « tains auteurs, parlant de leurs ouvrages disent : *mon* « livre, *mon* commentaire, *mon* histoire. Ils sentent leurs « bourgeois qui ont pignon sur rue, et toujours un *chez* « *moi* à la bouche ; ils feraient mieux de dire *notre* livre, « *notre* commentaire, *notre* histoire, vu que d'ordinaire il y « a en cela *plus du bien d'autrui que du leur.* »

Marmontel exprime la même idée, quand il affirme que, pour voir d'un peu haut, nous sommes obligés de monter sur les épaules les uns des autres.

Tel est également le sentiment de Voltaire. « Les esprits

« les plus originaux empruntent, dit-il, les uns des au-
« tres. Il en est des livres comme du feu dans nos foyers; on
« va prendre ce feu chez son voisin, on l'allume chez soi, on
« le communique à d'autres, et *il appartient à tous.* »

Cette notion avait de trop bons parrains pour ne point faire
son chemin. Je la retrouve très-élégamment exprimée par un
légiste moderne, M. Lestiboudois : « Les idées, dit-il, sont
« filles des idées; elles sont engendrées les unes par les autres.
« L'humanité creuse pendant des siècles; un homme donne
« le dernier coup de sonde, et la vérité jaillit; mais elle n'est
« point à lui, elle est *à tous ceux qui y ont travaillé.* »

66. — Donc, on ne saurait le nier, l'écrivain, même le plus
original, est l'œuvre de son siècle et des siècles antérieurs
autant au moins que de son propre génie.

Or, si la société entre en part dans sa production, quoi de
plus naturel qu'elle participe à la récolte?

Partant, quoi de plus juste que cette valeur appartienne à
la fois et à l'auteur qui l'a tirée du fonds commun, et à la
société qui l'a aidé en son effort?

Toute copropriété implique une liquidation à faire. Il est
donc essentiel qu'un partage vienne liquider les droits de chacun. Qu'on accorde à l'auteur, tant qu'il vivra, et à ses héritiers, pendant cinquante ans, le droit d'exploiter la chose commune, c'est bien ; mais, ce délai une fois expiré, que la société
en demeure à toujours la maîtresse unique et absolue. Cette
combinaison répond à toutes les exigences, puisqu'elle ménage
tous les droits et respecte tous les principes. Qu'on ne dise
pas qu'elle manque de justice. Le droit de l'auteur et de ses
héritiers comprenant tout le temps pendant lequel l'œuvre à
partager est particulièrement fructueuse, les années de jouissance exclusive qui forment leur part valent sinon mieux,
au moins autant que l'éternité dont la société fait son lot.

En somme, l'œuvre étant à la fois collective et individuelle,
c'est dans la répartition et dans l'équilibre des deux forces
qui l'ont produite que consiste la science de la justice.

67. — Cette donnée de la collaboration de l'humanité avec
l'auteur n'explique, a-t-on répondu, absolument rien ; elle
ne prouve rien, parce qu'elle prouve trop. D'un mot, l'argument qu'on en tire disparaît. Que tout auteur doive quelque
chose à d'autres, qu'il doive à de plus grands que lui, qu'il

doive même à de plus petits, qu'il doive aux traditions du passé et aux idées contemporaines, à ceux qu'il lit, à ceux qu'il écoute, un peu à tout le monde, nous ne le nions point; mais il n'y a en ceci aucune différence à faire entre la propriété littéraire et la propriété foncière. Celui qui, par l'effort de son travail, double le chiffre de sa récolte, ne réaliserait certainement pas la plus-value qu'il obtient, s'il n'existait point des cours d'agriculture pour l'instruire ou d'autres laboureurs pour lui donner les leçons de l'expérience. Or, si la participation de la société aux actes individuels des travailleurs est un fait général, quel argument en peut-on tirer à l'encontre de la propriété littéraire et artistique (1)?

68. — Cette objection appellera une réponse. Oui, dira-t-on, oui, il est parfaitement vrai que la collaboration de la société aux productions individuelles est un fait général; mais cela prouve-t-il qu'on doive n'en tenir aucun compte? Tout ce qu'on en peut conclure, au contraire, c'est que la société a sur toute valeur nouvelle qui se produit un droit indivis qui lui permet d'en poursuivre le partage. Si donc elle laisse aux agriculteurs ou plus généralement aux travailleurs ordinaires la totalité des valeurs qu'elle crée en collaborant avec eux, ce n'est point qu'elle soit sans titre pour en prendre sa part : elle fait ici, nous ne dirons point un *sacrifice*, le mot ne serait pas exact, mais un abandon intéressé. Si, en effet, elle s'efface, c'est que de hautes considérations d'ordre public l'ont convaincue qu'à bien comprendre son intérêt il vaut mieux pour elle renoncer à son droit que le revendiquer. Quant aux valeurs littéraires et artistiques, elle a, au contraire, tout à gagner à les faire tomber, sinon dès qu'elles existent, au moins après un certain temps, dans le domaine public. Son devoir dès lors est de tendre à ce but; le droit dont elle est investie lui permet de l'atteindre : donc qu'elle fasse son devoir, et qu'à cet effet elle use de son droit!

69. — Cette distinction est-elle fondée? C'est l'un des points les plus délicats sur lesquels j'aurai à me prononcer lorsqu'après avoir vidé le dossier que je dépouille, je serai appelé à conclure.

(1) V. M. Hérold, *Revue pratique*, t. XIII, p. 410.

III.

70. — Les perpétuistes ont fait une assimilation : « L'œuvre intellectuelle, ont-ils dit, est une propriété *comme* une terre, comme une maison. Partant, ont-ils ajouté, elle doit jouir des mêmes droits. »

La loi à faire pourrait donc se résumer en cette unique et bien simple proposition : la propriété littéraire et artistique, étant de même nature et de même condition que la propriété ordinaire, sera désormais régie et gouvernée comme elle.

La propriété ordinaire est perpétuelle en ce sens qu'aussi longtemps que la chose qu'elle affecte continue d'exister, elle subsiste elle-même, toujours souveraine, absolue et exclusive, en la personne du propriétaire originaire ou de ses ayant-cause.

Que si la société est intéressée à la retirer de leurs mains pour en faire une chose publique ou commune, elle le peut, mais sous la condition d'en payer le prix au propriétaire dont elle prend la place.

D'où, selon les prémisses établies, la conclusion suivante : la propriété littéraire et artistique ne peut cesser d'être *privée* ou *individuelle*, qu'autant que la société offre au propriétaire qu'elle veut évincer l'équivalent du droit qu'elle veut faire sien

Quand donc la loi qui régit les auteurs et les artistes déclare que le droit exclusif d'exploiter leur œuvre durera *tant qu'ils vivront*, et, après leur mort, *pendant un certain temps*, au profit de leurs héritiers ou de leurs ayant-cause, bien loin qu'elle en fasse des propriétaires *privilégiés*, elle en fait, au contraire, des *parias* dans l'ordre de la propriété.

Il est temps que ce déni de justice cesse. Les auteurs et les artistes aspirent à rentrer dans le droit commun dont, jusqu'à ce jour, on les a exclus : *l'égalité*, ce dogme auquel nous sommes si fortement attachés, demande qu'on les écoute.

71. — Le projet se rallie en partie à cette donnée et en partie s'en écarte. « Depuis un demi-siècle, est-il dit au rap-« port fait à l'Empereur par M. Walewski, toutes les lois qui « ont été appliquées à cette matière ont progressivement aug-« menté la *durée* de la propriété littéraire et artistique, mais

« toujours en maintenant une limite. Le projet ne se borne
« point à ajouter, comme une faveur nouvelle, quelques an-
« nées à celles que la législation existante concède comme une
« bienveillante rémunération ; il accorde la *perpétuité*. Toute-
« fois, lorsque l'auteur a cessé d'exister et qu'il s'est écoulé un
« certain temps depuis son décès, son droit primitif, quoique
« toujours subsistant, a perdu, il faut le reconnaître, ce qu'il
« avait d'intime et de personnel. Pendant la même période, les
« exigences de l'intérêt public sont devenues plus grandes et
« plus légitimes ; une sorte de droit né de la longue possession
« s'est formé progressivement au profit de la société. Sacrifier
« entièrement l'un de ces droits serait également injuste. C'est
« à les concilier que doit s'appliquer la sagesse du législateur.
« On a, dans ce but, fixé à cinquante ans, à compter de la mort
« de l'auteur, le moment où il convient de transiger avec la
« rigueur des principes et de faire à l'intérêt public la con-
« cession qu'il réclame. »

Ainsi, à l'expiration de ce long terme, les héritiers de
l'auteur décédé n'ont plus la jouissance effective de l'œuvre
qu'ils tiennent de lui : ce droit passe de leur domaine privé
dans le domaine public ; mais, afin de réparer autant que possible le dommage qu'on leur cause par cette expropriation,
on leur accorde, à titre d'indemnité, un droit perpétuel à
une redevance qui remplace, dans une certaine mesure, la
jouissance effective qu'ils n'ont plus.

72. — A ne s'attacher qu'aux déductions naturelles qu'implique le droit de propriété, cette prétendue *transaction*, s'il
nous est permis de l'appeler par son nom, n'est qu'une *spoliation communiste*. Allons, en effet, au fond des choses. Un
droit d'exploitation existe au profit des héritiers de l'auteur
décédé ; ce droit, la société s'en empare et donne en retour à
ceux qu'elle dépouille une *portion* des bénéfices qu'ils pourraient, s'ils en restaient nantis, réaliser en l'exerçant. Qu'est-ce
à dire, si ce n'est qu'après les avoir dépouillés on leur restitue,
sous une forme particulière, une portion du droit qu'on leur
enlève ? N'est-il pas vrai qu'*effectu inspecto* on les *spolie ?* Ce
serait peu grave s'il ne s'agissait ici que du droit des auteurs
et des artistes ; mais, ainsi qu'on l'a dit, toutes les propriétés
sont en cause en ce débat. Qui ne voit dès lors que décréter
qu'il est socialement *juste* qu'après un certain temps les pro-

priétés littéraires et artistiques tombent en partie dans le domaine commun, c'est implicitement déclarer *injuste* la perpétuité absolue des propriétés d'un autre ordre, et, partant,
mettre en accusation formelle la propriété foncière elle-même?

73. — Quoi qu'il en soit, il y a progrès dans la voie de l'é-
quité. Tandis que sous la législation existante les héritiers de
l'auteur décédé perdent leur droit tout entier après qu'ils en
ont joui pendant un certain temps, ils le conservent en partie
d'après la loi proposée. Ce n'est qu'une demi-réparation ; mais
enfin c'en est une.

Cette justice relative, les auteurs et les artistes l'acceptent
sans murmurer. Comment après cela soutenir encore qu'ils
poursuivent, sous la pression de sordides convoitises, la concession d'un *privilége?*

74. — Ce raisonnement, ont répliqué les adversaires de la
perpétuité sur laquelle nous discutons, ce raisonnement paraît formidable ; il n'est que spécieux. Il y a plus, bien loin
qu'il vienne en aide aux héritiers des auteurs et des artistes
décédés, il les compromet, au contraire. Si, en effet, la loi
proposée se bornait à les laisser purement et simplement sous
l'empire du droit commun, leur condition serait de beaucoup
inférieure à celle que leur font les lois existantes.

75. — Rappelons tout d'abord les règles d'après lesquelles
la propriété ordinaire se gouverne.

Vous êtes, nous supposons, le propriétaire d'une maison :
cette maison restera vôtre *à perpétuité*, en ce sens que vous
en serez le maître et pourrez l'utiliser à votre profit aussi longtemps qu'en fait elle subsistera, *si d'ailleurs vous n'en avez
point disposé au profit d'un tiers.*

Vous en avez, nous le supposons encore, disposé, *purement
et simplement*, sans réserve aucune : elle passe alors à l'acquéreur qui, par l'effet de son acquisition, vous est subrogé
dans tous vos droits. *Ce que vous pouviez, il le peut.* Rien
n'est changé, si ce n'est la personne du propriétaire.

Vous en avez disposé, mais sous la condition que le droit
d'en user et d'en jouir demeurera en vos mains : ce droit vous
restera, cela est évident ; mais cette prérogative, restée subsis-
tante en votre personne, que sera-ce, si ce n'est un droit *d'u-
sage ou d'usufruit*, c'est-à-dire un droit *essentiellement viager*
(art. 617 et 625, C. Nap.)?

76. — Telle est la propriété ordinaire.

Cela posé, reprenons l'assimilation.

La propriété littéraire et artistique étant de même nature que la propriété ordinaire, elle en a tous les caractères, tous les attributs; elle est elle-même une propriété ordinaire, partant une propriété *absolue et perpétuelle*. Voilà qui est bien entendu.

Ainsi, qu'un peintre fasse un tableau, nous aurons réunies en sa personne, et relativement à l'œuvre d'art sortie de ses mains, toutes les prérogatives de la propriété, à savoir : 1° le *jus utendi;* 2° le *jus fruendi;* 3° le *jus abutendi.*

À son décès, et à supposer qu'il n'ait point détruit ou aliéné le tableau que son travail a placé dans son domaine, nous retrouverons les mêmes droits, tous complets et subsistants, en la personne de ses héritiers.

Lui et les siens pourront donc, *à perpétuité :* 1° *en user*, c'est-à-dire l'employer à l'ornement de leurs appartements ou le placer dans leurs musées;

2° *En jouir* ou en retirer les fruits civils que sa nature comporte, et, par exemple, le louer, comme modèle, à d'autres peintres qui en tireront des copies;

3° *En disposer*, c'est-à-dire l'aliéner, le modifier, ou même, si la fantaisie leur en prend, le détruire.

Leur droit, en un mot, n'aura de limites que celles que le temps, qui détruit toutes choses, ou leur volonté pourra y apporter.

Ce qui est vrai du tableau l'est également d'une œuvre littéraire. Ainsi, l'auteur qui a écrit sa pensée est absolument et perpétuellement maître de son manuscrit. Après lui ses héritiers en sont et en demeurent, *à perpétuité*, les maîtres absolus. S'ils n'en disposent point et si le temps le respecte, leurs parents le retrouveront, même après des siècles écoulés, dans le domaine patrimonial auquel les appellera leur qualité d'héritiers.

S'ils en ont tiré des exemplaires, le résultat sera absolument le même; ils auront à perpétuité, c'est-à-dire *tant qu'ils en resteront les propriétaires*, le droit de les utiliser à leur profit personnel ou de les louer et de s'attribuer les fruits civils que cette location produira. Après des siècles écoulés, leur droit se retrouvera plein et entier.

Sur ces divers chefs il n'y a point de controverse possible.

77. — Mais continuons. Supposons qu'un peintre vende à quelqu'un le tableau dont il a la propriété : quels résultats ce contrat va-t-il nous donner? La réponse est bien simple.

Vendre une chose, c'est, sauf stipulation contraire, en transférer à celui qui la paie *l'entière* propriété, et, par conséquent, lui conférer le droit de l'utiliser au gré de son intérêt, ou plus généralement d'en faire ce qu'il voudra.

Cela posé, n'est-il pas vrai que si, selon le droit commun, la vente fait l'acheteur propriétaire de la chose vendue, propriétaire aussi absolu que le propriétaire qu'il écarte et dont il prend la place, il est manifeste que, selon ce même droit commun, l'acheteur d'un tableau peut, en principe, et à moins de stipulations contraires, en disposer tout aussi souverainement que l'aurait pu faire le vendeur?

Toutefois, nous en faisons volontiers l'aveu, la vente d'une œuvre d'art sera le plus souvent faite sous cette réserve tacite que le droit de la reproduire et de vendre les copies qui en seront faites restera en la personne du vendeur. Mais cette portion de propriété qu'il aura ainsi retenue à son profit, que sera-ce, si ce n'est un véritable *droit d'usage*, ou, si l'on veut, un droit *d'usufruit* restreint? Or, nous le répétons, les droits de cette nature sont *essentiellement viagers*. Toute clause qui tendrait à les constituer *perpétuels* ou même, pendant un certain temps, *héréditaires*, serait légalement nulle et de nul effet.

78. — Essaiera-t-on de soutenir que la vente dont nous cherchons la nature a simplement pour objet *l'usage* de la chose vendue, et qu'ainsi le *jus abutendi*, lequel est perpétuel, et le *jus fruendi*, dont la perpétuité est également certaine quand il est joint au *jus abutendi*, sont restés intacts en la personne du vendeur? On ne saurait. Si, en effet, l'artiste n'avait vendu que *l'usage* de son tableau, le tableau lui ferait retour au décès de l'acheteur (art. 625 et 617, C. Nap.). Or, nous pouvons nous borner à l'affirmer,—l'évidence des faits le prouve assez, — le tableau a été cédé pour rester *à perpétuité* aux mains de l'acheteur ou de ses ayant-cause. Nous revenons dès lors à notre donnée : ce qui a été cédé, c'est la *propriété* même de la chose vendue, la propriété moins une certaine portion qui, analysée dans son objet, et quant à ses résultats, se résume en une simple prérogative *de jouissance* ou d'usufruit restreint, et, par conséquent, en un droit essentiellement *viager*.

79. — Que si on nous oppose que par notre raisonnement nous n'aboutissons point à faire tomber dans le domaine public le droit de tirer des copies du *tableau original*, nous ne le nierons point. C'est, en effet, un principe élémentaire de notre droit que *l'usage* et *l'usufruit*, quand ils s'éteignent, font retour à celui en la personne duquel réside la propriété dont ils ont été détachés. Mais supposons qu'afin d'utiliser le droit d'exploitation qu'il a retenu l'artiste qui a vendu son tableau en ait, en son vivant, tiré des copies et qu'il les ait livrées au public : n'est-il pas vrai qu'une fois son décès venu, quiconque aura dans son patrimoine une de ces copies pourra, à son tour, en tirer des copies et, après les avoir produites, les vendre à son profit personnel? Si donc il est vrai de dire que, dans une certaine mesure, l'auteur du tableau et, après son décès, l'acquéreur auquel il l'a vendu, ont sur le public un certain avantage, il est non moins certain qu'*effectu inspecto* cet avantage est peu considérable.

Ajoutons qu'en ce qui regarde la propriété littéraire et la propriété musicale cet avantage sera absolument nul ou plutôt inexistant.

Un auteur après avoir fait imprimer son manuscrit vend les volumes qu'il en a tirés. Chaque vente qu'il consent est faite, nous l'avons admis, sous cette condition sous-entendue que le droit de reproduire son œuvre et de l'exploiter commercialement lui restera. La même condition affectera les ventes par lesquelles il livrera au public les exemplaires des éditions ultérieures qu'il pourra faire. Grâce à ces réserves tacites et répétées il s'assurera, *sa vie durant*, un droit exclusif aux bénéfices pécuniaires de son œuvre. Mais, son décès venu, qu'adviendra-t-il? Nous avons montré que le droit qu'il s'est réservé n'est et ne peut être qu'un droit de *jouissance* ou *d'usufruit* restreint. Nous répétons ici que les droits de cette nature ne durent jamais au-delà de la vie de celui en la personne duquel ils résident. Que conclure de là, si ce n'est, d'une part, que le droit exclusif d'exploitation que s'était réservé l'auteur s'éteindra forcément à son décès, et, d'autre part, qu'une fois éteint, chaque acquéreur de l'un des exemplaires vendus par le défunt en son vivant en aura désormais *la propriété pleine et entière?*

Or, s'il en est *plein propriétaire,* comment ne point voir qu'il peut en retirer tous les avantages que sa nature comporte et, par conséquent, en faire, en aussi grand nombre qu'il voudra, d'autres exemplaires qu'il exploitera à son profit?

80. — Pour échapper à cette conclusion, il faudra de toute nécessité que la loi décrète que, bien qu'il s'analyse en un véritable *usufruit,* le droit qu'a l'auteur, après la vente des exemplaires qu'il a livrés au public, sera perpétuellement héréditaire au même titre que la propriété. Or cette dérogation au droit commun, que sera-ce, si ce n'est un *privilége?*

Ce vilain mot fait de la peine aux perpétuistes. Ils comprennent que si le projet qui se débat le portait expressément écrit en sa rubrique, la loi projetée n'arriverait même pas à discussion. De là des efforts prodigieux pour en effacer la tache qui la déshonore. Mais la vérité les défie : les subtilités qu'ils amassent autour d'elle ne l'obscurciront point.

81. — *L'exemplaire* et *l'œuvre,* ont-ils dit, sont deux choses qu'il ne faut point confondre : l'une est le *contenant,* l'autre le *contenu.* L'auteur qui a fait imprimer son œuvre a, par conséquent, *deux propriétés* qui, bien que juxtaposées, sont parfaitement distinctes, l'une toute *matérielle,* le livre, l'autre tout *incorporelle,* l'œuvre. Quand donc il vend un exemplaire, il vend simplement l'une des deux propriétés dont il est investi, à savoir, sa propriété *matérielle.* Or, si son *œuvre* ne sort point de son domaine, si, après lui, elle passe à ses héritiers, il est clair que le droit de l'exploiter commercialement reste exclusivement et perpétuellement concentré en sa famille.

82. — Pure scholastique! répond-on. Juridiquement et commercialement parlant, cette distinction entre l'œuvre et le livre n'est qu'une abstraction pratiquement impossible. La pensée de l'auteur et la forme en laquelle il se l'exprime à lui-même n'existent point légalement tant qu'il ne les a point rendues sensibles par leur combinaison avec la matière. Ce n'est qu'après qu'elles ont ainsi pris un corps que la loi les reconnaît et en forme une propriété particulière. Lorsqu'elle réglemente la propriété d'une œuvre littéraire, elle entend,

par conséquent, sous cette expression œuvre, non point l'œuvre abstraite, l'œuvre simplement pensée, mais *l'œuvre matérialisée*. Le livre et l'œuvre sont donc légalement et commercialement un tout indivisible, partant une chose unique. Dès lors vendre un livre ce n'est point simplement vendre du papier et des caractères d'écriture, c'est vendre une *œuvre littéraire*, le tout indivisible, la chose unique quoique composée d'éléments divers, dont nous venons de parler.

Personne que nous sachions n'a songé à soutenir que le peintre qui vend un tableau vend simplement la toile et la couleur qui lui ont servi à rendre sensible le sentiment que la contemplation de la nature a fait naître en lui; que le statuaire qui vend la statue sortie de ses mains n'aliène que le marbre dans lequel il a, en la matérialisant, déposé sa pensée. Ce qu'ils vendent, au contraire, ce n'est point à vrai dire la matière par laquelle ils ont donné un corps à leur pensée; c'est leur pensée même. La matière avec laquelle ils l'ont combinée pour la rendre visible ne figure au contrat que parce qu'elle est l'accessoire inséparable de la chose principale qu'il a pour objet.

Or, si cette donnée est quant aux œuvres artistiques parfaitement exacte, par quel effort de logique établira-t-on que les œuvres littéraires y répugnent?

83. — Après tout, que gagnera-t-on à démontrer que la distinction que nous combattons est bien réelle? Quelle conclusion en pourra-t-on tirer à l'encontre des acquéreurs des exemplaires vendus par l'auteur? Nous n'avons, diront-ils à ses héritiers, aucun droit sur son œuvre; mais l'exemplaire que nous tenons de lui n'est-il point à nous? A quel titre dès lors prétendez-vous nous empêcher de l'utiliser au gré de notre intérêt et partant d'en tirer tous les avantages que sa nature comporte? Parmi les avantages auxquels se prête sa nature figure précisément la faculté d'en tirer par la voie de la presse des copies qui, lui étant absolument semblables, ont toute la valeur qu'il peut avoir lui-même. Personne ne niera que ces copies ne soient à nous. Or, si elles sont nôtres, nul ne peut nous contester le droit de les utiliser commercialement. Remarquez qu'en les vendant nous ne touchons point à la propriété de *l'œuvre* qui est vôtre, nous n'empiétons point sur votre droit, puisque, selon votre propre doctrine, vendre

un exemplaire ce n'est point vendre l'œuvre qui y est contenue.

85. — Une distinction d'une autre nature a été proposée. Toute œuvre littéraire et artistique peut être, a-t-on dit, envisagée sous un double aspect, intellectuellement et commercialement, c'est-à-dire quant à son utilité *intellectuelle* et quant à son utilité *pécuniaire*. Cette dualité de substance permet de la décomposer en deux valeurs et de faire de chacune de ces utilités l'objet d'une propriété particulière. L'auteur de l'œuvre a, par conséquent, sur elle, *deux propriétés distinctes* quoique parallèles, l'une qui a pour objet l'idée qu'il a rendue sensible en la combinant avec la matière, l'autre qui a pour objet l'utilité pécuniaire qu'implique cette combinaison. Dès lors qu'y a-t-il de plus naturel qu'il puisse, quand il vend son œuvre, retenir *la propriété commerciale* dont elle est l'objet? Allons plus loin même! Quoi de plus naturel encore que d'admettre qu'au cas où il vend l'un des exemplaires du livre où sa pensée est décrite, il est tacitement entendu entre lui et son acheteur que la vente qu'ils passent n'a pour objet que la matière dont cet exemplaire est composé et l'utilité intellectuelle qu'il rend saisissable en la matérialisant? Qu'on ne dise plus dès lors que le droit qu'il retient quand il dispose de son œuvre, répugne, puisqu'il s'analyse en un simple droit *de jouissance*, à la notion de l'hérédité : ce qu'il retient, c'est une *propriété* véritable, partant, un droit perpétuellement héréditaire.

86. — Cette découverte paraîtra fort savante, peut-être. Pour nous, c'est pure logomachie. Ces distinctions ne sont bonnes qu'à masquer, sous le déguisement d'une dualité de fantaisie, le *privilége* qu'on s'efforce d'établir. Une *seule chose existe, une œuvre :* partant, *une seule propriété* l'unit à son auteur. *Cette chose* peut, il est vrai, procurer à celui qui l'a dans son domaine des avantages divers ; ces avantages se groupent, nous en faisons l'aveu, sous trois droits principaux, à savoir : 1° le *jus utendi ;* 2° le *jus fruendi ;* 3° le *jus abutendi ;* mais qui ne sait que ces droits, quoique divers, constituent, non point *trois propriétés*, mais *une propriété unique*, quand ils sont réunis dans la même main, ou les *démembrements* d'une seule propriété, quand ils sont séparés? Devons-nous ajouter que, tandis que le *jus utendi* est perpétuel, même au cas où il est séparé du *jus utendi* et du *jus fruendi*, ceux-ci, au contraire,

sont *essentiellement viagers*, quand ils existent là où n'est point le *jus abutendi?* Supposons qu'une maison soit à vous : dira-t-on que vous avez sur elle *deux propriétés?* On la peut pourtant envisager par deux aspects, puisque vous la pouvez employer à votre propre usage ou la louer et gagner pour vous les fruits civils que sa location produira! Si vous la vendez sous la réserve du droit de l'exploiter civilement par la location, quel droit aurez-vous retenu? Un droit de jouissance ou d'usufruit limité? Ce droit, quelle durée aura-t-il? Il vivra autant que vous; mais il ne vous survivra point. Tel est, nous le répétons, le droit commun. Appliquons-le aux auteurs et aux artistes : s'ils vendent leur œuvre et se réservent le droit de l'exploiter commercialement, que retiennent-ils sur elle? Un droit de jouissance ou d'usufruit limité ! Quelle durée ce droit aura-t-il? Il vivra et mourra avec l'usager ou l'usufruitier, en la personne duquel il résidera!

87. — Nos raisonnements et notre conclusion n'ont assurément rien qui oblige le législateur : s'agissant d'une loi à faire, tout devient possible. La raison juridique n'est point, en effet, si rigoureusement inflexible qu'elle ne puisse aisément se plier à des combinaisons nouvelles. Si donc le droit commun ne suffît point aux auteurs et aux artistes ; si, poussant haut et loin leurs visées, ils aspirent à des prérogatives que la propriété ordinaire ne comporte pas, le législateur pourra certainement placer leur intérêt sous la faveur d'un droit à part ; mais si c'est là ce qu'ils poursuivent, qu'ils le disent et ne déguisent point leur dessein sous de vaines et trompeuses apparences. Puisqu'ils ont pu, et ils l'ont fait sans rougir, avouer que, selon eux, la littérature est un *métier* et les œuvres de l'esprit des *marchandises*, qu'ils vident leur sac et déclarent sans détour qu'ils entendent se placer au-dessus des propriétaires ordinaires, plus haut que les propriétaires fonciers eux-mêmes !

Il est bon que ceux qui auront à juger leur requête sachent que ce qu'on leur demande, c'est la concession *d'un privilége.*

§ IV. De la question de savoir si les différences que la loi proposée établit
entre les savants, les inventeurs industriels, les auteurs et les artistes, sont
économiquement et philosophiquement justes ou injustes.

88. — Les œuvres intellectuelles, le lecteur ne l'a point oublié, sont divisées en trois classes, comprenant :

La première, les découvertes *scientifiques ;*

La seconde, les inventions *industrielles ;*

La troisième, les *œuvres littéraires et artistiques.*

Les savants ne sont point, *même temporairement,* propriétaires des découvertes qu'ils livrent au public : dès que la société connaît leurs œuvres, elle s'en empare et ne leur donne
en retour que la gloire qu'elle accorde à ceux qui la servent.

Les inventeurs industriels ne sont guère mieux traités : la
société veut bien leur laisser pendant un certain temps,
quinze ans au maximum, tous les profits pécuniaires que
l'exploitation de leur produit pourra procurer; mais dès que
cesse le délai dans lequel elle confine leur droit, elle le leur
retire et, *sans leur rien payer,* le déclare sien.

Quant aux auteurs et aux artistes, ce n'est pas ainsi qu'elle
procède. Et d'abord au lieu de renfermer dans l'étroite limite
de quinze années le droit d'exploitation qu'elle leur reconnaît
sur leurs œuvres, elle consent à le laisser durer, toujours exclusif, pendant toute leur existence, si loin qu'elle puisse se
prolonger, et même après qu'ils sont morts, pendant cinquante
ans encore. Ce n'est pas tout! Quand ce délai expire, leur
droit ne disparaît pas complétement : il sort, il est vrai, de
leur domaine privé pour tomber dans le domaine public ;
mais quiconque le veut utiliser à son profit personnel, leur
doit payer une certaine redevance. La société se trouve ainsi
constituée à perpétuité leur tributaire ! (V. ci-dessus le n° 31.)

89. — Ces divergences ont-elles leur raison d'être ? Quoique de bons esprits le pensent, elles m'ont toujours semblé
inexplicables. Tout ce qui existe en moi de bon sens et de
sens moral s'émeut et se révolte lorsque j'entends soutenir
que, tandis que pour le *savant* le désintéressement le plus absolu est de commande, ce serait nier la raison dans son essence
même et la condamner dans sa justice que refuser aux *auteurs*
et aux *artistes* la propriété absolue et perpétuelle de leurs

œuvres. Je m'étonne, je m'attriste surtout, quand je vois la loi faire cette étrange répartition entre le savant, inventeur du principe, à qui elle n'accorde rien, et l'industriel, applicateur du principe, qu'elle privilégie. Y a-t-il donc, entre ces serviteurs de la société, des différences si essentielles qu'on doive traiter ceux-ci avec tant de rigueur et ceux-là avec tant de faveur ?

Parmi les économistes, quelques-uns ont nié la propriété industrielle. Si l'inventeur, ont-ils dit, obtient un brevet, ce n'est point qu'il soit *propriétaire* de son invention : les lois de la nature n'étant point susceptibles d'appropriation privée, le privilége qu'on accorde à celui qui les applique n'est et ne peut être qu'un simple *encouragement*.

J'admets que cette donnée soit exacte, hâtons-nous alors de l'appliquer au savant : il sert la société ; encourageons-le !

D'autres, et c'est le plus grand nombre, tiennent que, de même que les œuvres littéraires et artistiques, les inventions industrielles n'ont rien qui répugne à la notion de la propriété.

J'admets que cette donnée soit la bonne, vite alors appliquons-la aux découvertes scientifiques. Quelles raisons nous peuvent retenir?

Serait-ce que la propriété scientifique est plus difficile à constituer que la propriété littéraire, artistique ou industrielle? Qu'importe que cela soit vrai! Si des difficultés existent, qu'on les étudie et qu'on s'en rende maître! Est-ce donc impossible? Un contemplateur découvre la puissance de la vapeur : quelles applications pourra-t-il faire de sa découverte? Il y réfléchira, il fera des essais. Quant à présent, il lui importe de la mettre sous la sauvegarde d'un brevet : le pourra-t-il? Pourquoi non ?

Je suppose qu'il ne lui plaise point de l'exploiter lui-même : que n'admet-on alors que ceux qui voudront l'utiliser commercialement à leur profit ne le pourront faire qu'à la charge de l'associer pour une part aux bénéfices pécuniaires de l'entreprise?

S'il est bon et juste que les inventeurs industriels aient pendant un certain temps l'exploitation exclusive de leurs produits ; s'il est bon et juste que les auteurs et les artistes aient la propriété exclusive et perpétuelle de leurs œuvres, à quel titre et dans quel but la propriété scientifique sera-t-elle rangée parmi les choses mauvaises et injustes ? Voilà, je le répète, ce que ma raison et ma conscience se refusent à comprendre.

90. — On a soutenu qu'à la différence des œuvres littéraires et artistiques qui portent en elles comme le sceau de la personnalité de leur auteur, les œuvres scientifiques sont *impersonnelles*, et, partant, inappropriables.

Si cette *impersonnalité* était réelle quant aux découvertes des savants, elle affecterait de même les inventions de l'industrie. Nous aurions alors à nier la propriété industrielle au même titre que la propriété scientifique. Mais rien de semblable n'a lieu. Au point de vue de la richesse, les productions scientifiques, industrielles, littéraires et artistiques sont toutes identiques entre elles. C'est ce que je vais essayer d'établir.

91. — Voyons d'abord la thèse contraire. Notre première propriété, a-t-on dit, c'est notre liberté, c'est *nous-même*. Toutes les autres dérivent de celle-là et la réfléchissent. Un champ est inculte et inoccupé ; je m'y établis et y dépose, par mon travail, le sceau de ma personne : par là je me l'assimile, je le fais mien.

La propriété se forme donc par l'extension de notre moi aux choses matérielles et intellectuelles ; elle n'est, en quelque sorte, qu'une portion de nous-même.

Sous cette donnée, la propriété littéraire et la propriété artistique trouvent aisément leur explication ou leur raison d'être. Une chose, en effet, existe que l'auteur et l'artiste ont tirée de leur propre fonds et qui, par conséquent, leur est personnelle ou *propre*. Qu'on dise que l'idée qu'ils ont exprimée ne vient point d'eux, nous voulons bien l'accorder ; mais la forme sous laquelle ils l'ont exposée, qu'est-ce, sinon *la manifestation de leur moi?* En veut-on la preuve ? Un fait incontestable et incontesté nous la donnera ! N'est-il point vrai que depuis qu'on écrit ou qu'on peint il ne s'est point encore rencontré deux ouvrages ou deux tableaux semblables l'un à l'autre ? Donnez le même sujet à traiter à deux auteurs ou à deux peintres, qu'obtiendrez-vous ? Deux traités différents ! Essayez de faire un livre semblable à celui que vous avez lu : si vous ne le copiez point, vous ne le pourrez jamais. C'est pourquoi Buffon a pu très-judicieusement dire : « Certaines choses sont hors de nous; le style, *c'est l'homme même.* »

Nos conceptions littéraires et artistiques participent donc de notre personne. Voilà pourquoi elles sont nôtres (V. ci-dessus le n° 56).

Si, selon la loi naturelle, l'auteur et l'artiste ont la propriété de leurs œuvres, la société doit non-seulement la reconnaître, mais encore la prendre sous sa sauvegarde. Qu'elle la soumette à l'impôt, c'est son droit. Qu'elle puisse *l'acheter*, s'il lui importe d'en faire un objet d'utilité publique, personne ne le conteste. Mais là s'arrête son pouvoir. Elle serait spoliatrice si elle allait plus loin.

Essayons d'appliquer aux découvertes scientifiques cette notion de la personnalité humaine, nous n'y parviendrons jamais. Où est, en effet, *l'œuvre* du savant auquel le hasard révèle quelqu'une des lois de la nature? Cette loi qu'il vient de découvrir, demain peut-être elle sera aperçue par un autre. Or, entre ces deux découvertes, où sera la différence? Comment et par quel côté la personne de chacun des deux inventeurs se sera-t-elle manifestée? Sur quel chef s'appuieront-ils l'un et l'autre pour dire : Voilà ce que j'ai tiré de ma propre substance, voilà *mon moi?* Et s'ils n'ont rien mêlé de leur personne au principe dont la nature leur a gratuitement révélé l'existence, à quel titre leur sera-t-il *propre?* S'ils font un écrit ou un discours pour le démontrer ou le décrire, ils passent alors dans la classe des *écrivains*, d'où pour eux une propriété *littéraire*. S'ils l'utilisent pratiquement en le combinant avec la matière, ils deviennent alors *fabricants*, D'où pour eux une propriété *industrielle*. Quant à les constituer propriétaires du principe qu'ils ont décrit ou appliqué, cela ne se peut : ce principe n'est point *leur œuvre*; partant il ne saurait être leur.

92. — Que dirai-je de cette explication? Peut-être la jugera-t-on décisive. Pour moi, je ne sais même pas la comprendre. On part de cette idée que les découvertes scientifiques ne demandent *aucun effort*; qu'en un mot elles sont l'œuvre non point du savant qui les fait, mais *du hasard* qui lui livre les secrets de la nature; or fut-il jamais rien de plus faux? Où, quand, ce phénomène extraordinaire s'est-il produit? Je n'ignore point qu'un accident peut éveiller l'attention d'un homme de génie et, par l'étude à laquelle il le convie, le

mettre sur la voie d'une loi naturelle restée inaperçue jusqu'à
ce jour. C'est ainsi qu'en voyant une pomme se détacher d'un
arbre, Newton, s'emparant de ce fait, en sut déduire la double
donnée de la pesanteur des corps et de leur attraction, d'où
est sortie, par une conséquence toute logique, l'explication
de la mécanique céleste. Mais de bonne foi, quelqu'un croira-
t-il que cette grande découverte n'a eu que *le hasard* pour
auteur? N'est-il pas vrai que pour voir et la pomme tomber
et la loi de l'attraction que ce fait impliquait, Newton a dû
ouvrir les yeux de son corps et les yeux de son intelligence?
Pendant des milliers d'années, les hommes furent témoins de
ce fait, la pomme tombant; nul ne sut y lire le secret qu'il con-
tenait. Un penseur vint enfin qui, par un effort prodigieux de son
génie, le lui arracha. Comment dès lors croire encore qu'en
sa découverte son moi ou sa personnalité n'est pour rien? Non,
la nature ne livre point ses secrets au premier venu. Ceux-là
seulement les découvrent qui, par l'énergique persistance de
leurs études, peuvent s'élever vers les hautes régions et de
ces sommets de la science porter partout leurs regards scru-
tateurs. S'il n'en était ainsi, leurs découvertes exciteraient-
elles en nous l'admiration qu'elles nous causent et la recon-
naissance dont elles nous pénètrent?

93. — Mais, dit-on, ce principe qu'ils ont découvert, demain
un autre pourra le découvrir à son tour. Remarquez, ajoute-
t-on, que ce second inventeur aura pu faire sa découverte
sans rien emprunter au premier ni lui faire aucune violence.
Comment dès lors les choses vont-elles se passer entre eux?
Le principe qu'ils ont séparément découvert sera-t-il attribué
à celui qui l'a vu le premier? Mais qu'a-t-il fait de plus que le
second? L'attribuera-t-on à chacun d'eux? Mais demain, un
troisième, un quatrième, un centième savant pourra également l'apercevoir : chacun de ces inventeurs successifs acquerra donc à son tour ce que les inventeurs antérieurs auront
déjà acquis! Qu'est-ce à dire alors sinon que cette chose qui
appartient ainsi à tant de possesseurs n'appartient réellement
à personne?

94. — Ce raisonnement, je le conçois quand ceux qui le font
admettent que les *idées* répugnent à la notion de l'appropriation (V., ci-dessus, les nᵒˢ 56 et s.); mais comment le comprendre
quand on se place dans la donnée contraire (V., ci-dessus, les

nᵒˢ 61 ets.)? Si j'acquiers, même de plein droit, sous le titre de propriété littéraire ou artistique, les idées romantiques, juridiques, poétiques ou autres que j'exprime après les avoir tirées des limbes où elles se tenaient cachées, pourquoi n'acquerrais-je pas, de la même manière, sous le titre de propriété scientifique, les lois que je décris après avoir contraint la nature à me les livrer? Cette idée romantique, juridique, poétique ou autre que cet auteur exprime aujourd'hui, un autre auteur ne pourra-t-il point demain la découvrir à son tour? Néanmoins l'auteur qui l'a vue le premier en sera et en demeurera seul propriétaire. Voilà ce qu'on décide, voilà ce qu'on veut faire passer dans la loi : par quelle raison dès lors refuser au savant la propriété des principes ou des forces dont il a le premier démontré l'existence?

95. — On insiste. Du chef de l'écrivain deux choses existent qu'il faut, dit-on, soigneusement distinguer, à savoir, d'une part, les *idées* qu'il découvre et *l'expression* ou la *forme* par laquelle il les fait connaître. Cette forme est son œuvre ou le produit de son travail; elle est à lui, par conséquent. Or, l'expression attire à elle l'idée qu'elle met en lumière; elle se l'assimile, elle l'absorbe puisqu'elle peut seule en faire une valeur : *forma dat esse rei.* La propriété de l'expression implique donc la propriété de l'idée exprimée !

Mais, en ce qui regarde le savant, avons-nous à côté du principe qu'il a découvert un produit qui lui soit propre, un produit qui mette en valeur la loi dont la nature lui a révélé le secret? Il n'a rien tiré de son propre fonds, il n'a rien créé, partant rien ne peut attirer à lui et l'en rendre maître le principe qu'il a découvert.

Supposons pourtant qu'il l'ait décrit et démontré : il aura alors la propriété *littéraire* de la brochure ou du discours où il l'aura exposé; cela est évident.

Que si, avant de le rendre public, il l'a appliqué pratiquement, il aura alors la propriété *industrielle* de la chaudière, de la locomotive, de la machine, en un mot, par laquelle il l'aura utilisé; cela est encore manifeste.

Mais tant qu'il ne se fait point écrivain ou industriel, son titre de savant et d'inventeur ne lui sert de rien, puisque rien n'existe encore dont il puisse avoir la propriété.

96. — La réponse est facile. Un homme découvre une idée :

tant qu'il ne la publie point, il en est certainement maître, en ce sens qu'il peut la tenir perpétuellement secrète; mais à proprement parler, il n'en est point encore propriétaire; ce qui le prouve, c'est que si un autre, après l'avoir trouvée à son tour, venait à l'exprimer et à la rendre publique, elle serait à lui.

Tout cela est également vrai du savant, quant au principe qu'il a découvert.

Continuons.

Cet homme qui a découvert une idée l'exprime et la publie : elle est sienne dès ce moment; elle est sienne en ce sens qu'à lui seul appartiennent tous les profits pécuniaires qu'on en pourra tirer. Ce serait donc empiéter sur son droit et, par conséquent, se rendre coupable d'un délit que s'emparer de son idée et la reproduire pour l'exploiter commercialement à son propre profit.

Telle est la propriété *littéraire*.

La propriété *scientifique*, si on la constitue, sera absolument de la même nature. Un contemplateur découvre une loi naturelle; il en fait la théorie soit comme écrivain, soit comme professeur : dès cet instant elle sera sienne, sienne en ce sens que, sauf lui et ses ayant-cause, nul ne pourra pécuniairement ou commercialement l'exploiter dans son propre intérêt. Vouloir qu'il n'ait d'autre droit que celui de vendre à perpétuité les exemplaires de la leçon, de la brochure ou du journal où il l'a décrite et, par suite, laisser au premier venu la faculté d'en déduire pratiquement, non pour ses propres besoins, mais afin de les utiliser commercialement, des produits industriels, c'est véritablement lui dénier le fruit de son travail. Jamais le *sic vos non vobis* de Virgile n'aura reçu une plus directe application! Si l'écrivain peut poursuivre comme contrefacteur celui qui reproduit, quoique dans une forme particulière, les idées économiques, juridiques ou politiques qu'il a le premier mises en circulation (V., ci-dessus, le n° 64), d'où vient qu'on refuse au savant le droit d'agir au même titre contre ceux qui, s'emparant du principe dont il a publié l'existence, en font commerce à sa place?

97. — Donc, quoi qu'on fasse, on se verra contraint de le reconnaître, la propriété *littéraire* et *artistique* porte dans ses plis la propriété *scientifique* : l'une amènera forcément l'autre.

Après la propriété *scientifique* nous aurons la propriété *médicale*. Qu'un médecin découvre un remède efficace contre la phthisie, lui et les siens seront seuls, peut-être pendant un siècle, autorisés à vendre la vie aux poitrinaires. Ce siècle écoulé, tout médecin qui se verra forcé d'employer dans sa pratique le remède dont les héritiers de l'inventeur auront, dans une certaine mesure, conservé la propriété, leur devra payer une portion de ses honoraires. La propriété médicale admise, des propriétés du même ordre ne tarderont point à se produire. Qu'un chirurgien habile découvre une nouvelle ligature, sauf lui et les siens, aucun de ses confrères ne pourra, pendant un certain temps, l'utiliser médicalement. Leur privilége d'exploitation éteint, chacun sera libre de la pratiquer même comme chirurgien, mais sous la condition d'une redevance à leur payer. Nous aurons donc, à côté de la propriété médicale, la propriété *chirurgicale*. Celle-ci consacrée, d'autres viendront à la suite. Vous vouliez constituer une, deux, trois propriétés au plus; vous en aurez un essaim.

Ces exagérations paraîtront ridicules peut-être; mais elles sont fatales. L'inflexible logique y conduira! une fois admis, les principes ne sauraient retenir une seule de leurs conséquences.

98. — Arrivons à l'inventeur industriel. D'où vient qu'après un certain temps son droit passe de son domaine privé dans le domaine public? En vertu de quel principe la société prend-elle ainsi sa place? On a invoqué la loi *d'expropriation pour cause d'utilité publique*. L'œuvre de l'inventeur, a-t-on dit, naît ordinairement inachevée ou embryonnaire et, partant, *susceptible d'amélioration ou de perfectionnement*. Dès lors il importe qu'elle ne demeure point perpétuellement en ses mains : elle y pourrait, en effet, rester perpétuellement informe. Sans doute, la société ne doit point pouvoir l'en dépouiller arbitrairement et sans aucune compensation : si elle procédait ainsi elle serait spoliatrice; mais si dans un intérêt général bien entendu et afin de donner aux *perfectionneurs* l'occasion d'exercer *leur propre droit*, elle s'empare de l'œuvre à perfectionner et indemnise son auteur, quelqu'un l'en blâmera-t-il?

La société prend donc pour elle, dès qu'elle la connaît, l'œuvre de l'inventeur, mais à l'instant même qu'elle l'en dépouille, elle l'indemnise en décrétant que, pendant un certain temps, *lui seul* aura le droit de perfectionner son produit et de l'exploiter commercialement. Les restrictions qu'elle apporte ainsi, pendant ce temps, à l'action des concurrents qu'il aura plus tard à subir, forment, par le profit qu'indirectement elles lui procurent, le juste prix ou l'équivalent approximatif de la propriété qu'elle lui prend.

Ainsi se trouvent conciliés, dans une sage et très-équitable mesure, les droits rivaux de l'inventeur et du perfectionneur.

99. — Voilà, il faut en convenir, une équité bien redoutable et une bien singulière logique !

Suivons bien le raisonnement. Une invention se produit : à qui est-elle ? à l'inventeur. Et encore ? à nul autre qu'à l'inventeur.

La faculté caractéristique et vraiment essentielle qu'implique la propriété ordinaire consiste dans le droit exclusif, d'user, de jouir et de disposer de la chose sur laquelle elle est établie.

« Or, l'inventeur ne possède - t - il pas, nous ne dirons point au même degré, mais bien plus que le propriétaire foncier lui-même, ce pouvoir souverain? » Remarquons, en effet, que, tandis que le propriétaire foncier ne fait qu'exploiter un fonds qu'il n'a pas créé, l'inventeur exploite une idée dont il est lui-même le créateur.

« L'inventeur est donc *le plus puissant des propriétaires*, le maître le plus absolu de son œuvre. »

Puisqu'il en est *propriétaire,* il est clair qu'il peut l'exploiter commercialement.

Si cette faculté d'exploitation est une suite ou une déduction de sa propriété, il est manifeste qu'elle est *absolue* comme elle et, comme elle encore, *perpétuelle.*

Ces points admis, écoutons la société : « Votre œuvre, dit-elle à l'inventeur, vous appartient, je le reconnais ; elle n'appartient qu'à vous, c'est entendu. Cependant il est essentiel, pour le bien public, qu'elle devienne mienne; donc je m'en empare. Mais considérez ma justice ! pendant quinze ans, vous serez *seul* autorisé à exploiter l'œuvre que je fais passer de vos mains dans les miennes. Les profits à retirer de ce privilége compenseront dans une très-exacte mesure le dommage que je vous causerai en vous expropriant. »

« Hélas ! pourra répondre l'inventeur, quelle justice est la vôtre ! cette chose est à moi, à moi seul ; seul j'ai le droit d'en percevoir tous les profits. Mon droit est absolu, exclusif et perpétuel, vous le reconnaissez. Pendant quinze ans vous voulez bien me le laisser. Ces quinze ans écoulés, vous le faites vôtre. Quelle indemnité reçois-je donc en retour ? vous prenez mon droit en partie et me dites : La partie que je vous laisse sera le prix de la portion que je vous retire. »

« Votre raisonnement serait une agréable plaisanterie s'il n'était une véritable *spoliation!* (V., à ce sujet, le nº 72.)

« Afin de le mettre en son jour, appliquons-le à la propriété foncière. Ce champ, je le suppose, est vôtre. La société, vous le voyant négliger, vient à vous et vous dit : L'intérêt général exige que cette terre devienne mienne ; donc je m'en empare. Mais afin de vous indemniser du dommage que je vous cause en la prenant, je consens à vous en laisser jouir, exclusivement à toute autre personne, pendant quinze grandes années !

« Que penser de cette manière d'indemniser les gens qu'on dépouille ? »

S'il est vrai que l'inventeur est seul propriétaire de son invention, le droit de l'exploiter, n'étant qu'une portion de la propriété dont il est investi, doit avoir comme et avec elle une durée indéfinie. Partant, il ne suffit point de lui en assurer temporairement la jouissance ; ce qu'on lui doit, c'est un titre perpétuel, un brevet sans fin. Les considérations tirées de l'intérêt général ne servent ici de rien ; pourvu que l'inventeur paie l'impôt auquel tout propriétaire est soumis, il est complétement quitte envers la société. Dès lors il n'y a point d'utilité publique qui tienne : son invention étant sa chose propre, sa chose à lui seul, la société la doit respecter. S'il lui importe de l'acquérir afin de la livrer aux perfectionneurs qui l'attendent, qu'elle *l'achète* et la *paie* tout d'abord : ils la perfectionneront après tout à leur aise !

100. — L'explication que je viens de combattre n'est donc point la bonne. Mais fût-elle juste, elle n'expliquerait point la différence que la loi entend maintenir entre la propriété industrielle et la propriété littéraire et artistique. Si, en effet, les limites qu'on apporte au droit de l'inventeur s'expliquent et se justifient par la donnée de l'expropriation pour cause

d'utilité publique, nous ne manquerons point de grandes et belles raison pour montrer que l'écrivain et l'artiste devront, à l'exemple de l'inventeur, céder leur droit à la société et accepter en retour, à titre d'indemnité, le privilége *temporaire* de vente dont elle les investira. Le domaine public, dira-t-on, c'est la concurrence; la concurrence, c'est le bon marché des livres et des œuvres d'art; le bon marché des lettres et des arts, c'est la diffusion des idées ou des sentiments et, partant, l'éducation morale du peuple plus prompte et plus sûre.

101. — Nous voilà encore une fois ramenés à notre question : si la loi estime qu'il est juste que le droit de l'inventeur soit renfermé dans l'étroite limite de 15 années, quelle raison la contraint d'accorder aux écrivains et aux artistes le bénéfice de l'éternité? serait-ce que les produits littéraires et artistiques· l'emportent, par leur excellence et le bien qu'en retire la société, sur les produits industriels? MM. les auteurs et les artistes le pensent peut-être; mais en ce point, quoi qu'ils fassent, ils ne parviendront jamais à rallier à leur opinion, je ne dirai point les inventeurs, mais ceux-là mêmes que le débat n'intéresse point directement. Personne ne voudra croire que les rêveries des poètes, les abstractions des philosophes, les fantaisies des romanciers, les beautés, même les plus idéales, que le pinceau exprime sur la toile ou que le marteau et le ciseau tirent du marbre, laissent bien loin derrière elles les grandes œuvres de l'industrie, telles que l'imprimerie, les mécaniques à filer, à tisser et à coudre, la machine à vapeur, l'hélice ou la télégraphie électrique.

Si on se décidait à reconnaître que par leur nature et leur destination les œuvres littéraires et artistiques répugnent à la notion de la *vénalité* (V., ci-dessus, les n°⁵ 34 et s.), il serait parfaitement vrai de dire, dans ce système, qu'elles se séparent par des différences essentielles des œuvres industrielles et qu'ainsi le même niveau ne les doit point régir ; mais du moment que, se plaçant dans la donnée contraire (V., ci-dessus, les n°⁵ 44 et s.), on affirme que les productions de la littérature, de l'art et de l'industrie sont toutes également *vénales*, on est forcément contraint d'avouer qu'au point de vue de l'économie politique ou de la science de la richesse elles sont *identiques* entre elles. Les lettres et les arts n'étant plus, dès lors, qu'une spécialité de l'industrie, nous devons, sans aucune ironie, dire avec Labruyère : « C'est un métier que de faire un livre, comme de faire une pendule. »

103. — Cette identité admise, de ces deux choses l'une :

Tient-on que les limites de temps dans lesquelles on renferme la durée du droit des inventeurs sont socialement et économiquement justes, il les faut également appliquer au droit des écrivains et des artistes.

Pense-t-on, au contraire, que ce qui est juste, c'est la redevance perpétuelle que réclament les écrivains et les artistes, il la faut également appliquer aux inventeurs.

Au premier cas, les auteurs et les artistes descendront au niveau des inventeurs ; au second cas, les inventeurs monteront au niveau des auteurs et des artistes.

Dès lors concluons. Si les auteurs et les artistes obtiennent cette redevance perpétuelle pour laquelle ils combattent, les inventeurs la revendiqueront à leur tour ; ils la revendiqueront et ils l'obtiendront, puisque les raisons qui l'auront fait établir militeront en leur faveur tout autant qu'au profit de ceux qui en seront déjà nantis. La logique est comme la lumière du soleil : elle s'impose même à ceux qui ferment les yeux pour ne point voir. Jetez sur elle des monceaux de sophismes, tôt ou tard elle soulèvera la montagne, et, quoi qu'il vous en coûte, vous la devrez subir ; cela est fatal.

Or, que l'on considère ce qui serait arrivé si cette loi de la perpétuité du droit des inventeurs eût gouverné le monde dès son berceau ! M. Gournot l'a très-élégamment dit, « le pre-« mier homme qui substitua une maison de bois ou de pierre « à la hutte du sauvage eût été le seul maçon devant l'Eter-« nel ; celui qui tissa la première étoffe, qui assit la première « machine sur deux cerceaux roulants, qui le premier chauffa « et assouplit les métaux, eût constitué dans le monde la « famille des filateurs, des carrossiers et des forgerons. » Pendant cent ans peut-être, nul, hormis eux et les leurs, n'eût été commercialement autorisé à filer, à charronner et à forger. Ce siècle écoulé, chacun eût été libre de créer, afin de les exploiter, des ateliers de filature, d'entreprendre le charronnage ou d'établir des forges, mais sous la condition d'un tribut à payer aux héritiers du premier filateur, du premier carrossier ou du premier forgeron.

Que ces servitudes industrielles deviennent la loi du temps et l'humanité se verra sous la dépendance de quelques centaines d'entrepreneurs ou de maîtres brevetés devenus les hauts seigneurs de l'industrie. L'esprit de liberté nous avait délivrés des fiefs et des maîtrises; les aspirations de MM. les écrivains et de MM. les artistes nous y ramènent!

§ V. CONCLUSION.

I. *De la perpétuité.*

104. —Nous avons vu, dans notre premier paragraphe, un grand esprit soutenir que les auteurs et les artistes sont, de par leur génie, les propagateurs du *vrai*, du *juste* et du *beau*, et, à ce titre, les auxiliaires de la *religion* et de la *justice*, ou les instituteurs que Dieu a préposés à l'éducation morale de l'humanité. Cette donnée l'a conduit à dire que leurs œuvres sortent, par leur destination, du cercle de l'utile, et qu'ainsi elles répugnent à toute idée *d'agio*, de *trafic* ou de *vénalité :* par cela seul qu'ils font profession d'élever nos pensées et d'ennoblir nos sentiments, ils nous doivent *gratis* la vérité, la justice et les beautés dont ils sont les révélateurs ou les hérauts.

Sans doute, il est essentiel que la société défraie le savant, le philosophe, le poète, l'artiste qui librement la servent, de même qu'elle satisfait aux besoins des prêtres, des professeurs ou des magistrats auxquels elle confie les enseignements qu'elle nous doit : qu'à cet effet elle leur accorde telle subvention, rémunération ou secours qu'elle jugera convenable, ce sera justice ; mais si elle veut vivre elle-même, vivre comme elle le doit, hors de cet affreux positivisme dont notre époque est comme affolée, qu'elle ne souffre point que le prêtre fasse métier et marchandise de ses sermons, que le magistrat vende ses arrêts, que le professeur trafique de ses leçons, que le savant, le poète et l'artiste traînent la vérité et la beauté à la foire !

Voilà certainement une grande et belle idée. J'aime à penser qu'un jour viendra où elle répondra réellement à notre nature. Lorsque par l'effort incessant de nos aspirations vers ces hauts sommets où, tout près du ciel, les hommes s'embrasseront comme les fils du même père, destinés à vivre dans un même amour, nous aurons appris à fondre notre moi dans l'humanité, notre idéal nous portera sans doute à travailler, moins en vue de notre intérêt particulier que pour le bien universel. Peut-être alors les auteurs et les artistes répandront-ils la vérité, la justice et la beauté pour la seule joie d'éclairer et d'embellir le monde; mais avant que cette perfection nous place ainsi près de Dieu et presque semblables à lui, que de siècles à attendre! L'homme n'est point encore, que je sache, parvenu à étouffer ce penchant de son cœur, attraction irrésistible qui, le ramenant sans cesse en lui, le porte invinciblement à concentrer son être au lieu de le répandre. Nous nous aimons avant d'aimer les autres, nous songeons à nos proches, à notre famille, à notre patrie avant de songer au genre humain. C'est la loi, nul n'y échappe. L'humanité entre assurément pour une part, très-grande je le veux bien, dans le sentiment qui pousse et maintient infatigables dans la voie douloureuse du labeur les écrivains et les artistes; mais ce qui est plus certain encore, c'est que leur moi y domine.

La donnée de M. Proudhon passe donc par-dessus nos têtes pour s'élever à des hauteurs où notre nature ne peut la suivre (V., ci-dessus, les nᵒˢ 44 et suiv.).

105.—Toute utilité appartient à celui qui la crée. Telle est la loi de l'humanité. Je ne m'arrêterai point à la démontrer. Elle est de celles qui s'affirment.

Les auteurs et les artistes sont de véritables producteurs; partant, leurs produits leur restent *propres*.

La propriété dont je les dis investis n'a en elle rien qui la distingue et la sépare de la propriété ordinaire. Leur œuvre est à eux, comme votre maison, comme votre champ est à vous.

Ainsi, le peintre qui a fait un tableau peut :

En *user* ou l'employer à son propre usage ;

En *jouir* ou en retirer les fruits civils que sa nature comporte ;

En *disposer* enfin au gré de sa fantaisie, de son intérêt ou de ses affections ; d'où le droit :

De le modifier ou de le détruire ;

De le vendre ;

De le donner ;

De le léguer ;

Ou enfin de le transmettre *ab intestat* à ses héritiers.

Ce que je dis de l'artiste, je le dis de l'écrivain.

Tant qu'elle demeure dans son esprit à l'état de simple conception, son œuvre échappe par sa nature à toute réglementation légale.

Supposons-la écrite : tant qu'elle est dans ses mains, en manuscrit, il en est et en demeure le maître souverain. Juge-t-il à propos de la modifier, rien ne l'empêche. La tient-il pour détestable et indigne de lui, qu'il la supprime si cela lui plaît. Préfère-t-il la conserver sans y toucher, quant à présent, mais avec l'intention de la reprendre lorsque ses loisirs le lui permettront, qu'il attende, c'est son droit. Supposons qu'il l'ait fait imprimer à ses frais : il fera des exemplaires qui sont dans ses mains ce qu'il lui plaira d'en faire. M. Demolombe nous l'enseigne, « on ne saurait, sans violenter profondément les principes de la liberté et de la dignité humaine, contraindre un auteur de livrer au public les épanchements de son esprit et de son cœur (1). » Ce qui est à faire ou à ne pas faire, regarde sa conscience, et ce qui est de l'ordre de la conscience est, par essence, de l'ordre de la liberté.

J'aurai bientôt à tirer des conséquences de ce pouvoir omnipotent des auteurs et des artistes sur leurs œuvres. Quant à présent, je me borne à l'affirmer en principe.

Je dis donc : La propriété de l'auteur sur son manuscrit et sur les exemplaires qu'il en a tirés, ou de l'artiste sur son tableau... et les copies qu'il en a faites, est, de même que la propriété ordinaire, souveraine ou absolue.

J'ajoute qu'à l'exemple encore de la propriété ordinaire, elle est *perpétuelle*, perpétuelle en ce sens que le manuscrit et les exemplaires, le tableau et les copies qu'elle affecte demeurent éternellement dans le domaine privé de l'auteur et de l'artiste ou de leurs ayant-cause (V.. ci-dessus, les n°° 75 et suiv.).

106. — On s'étonnera peut-être de ces affirmations. Si la propriété littéraire et artistique est *manifeste*, s'il est *constant* que, de même que la propriété ordinaire, elle est absolue et non moins *certain* qu'elle demeure, à son exemple, à per-

_____

(1) T. ıx, n° 439.

pétuité souveraine et exclusive; si, en un mot, le doute n'est nulle part et l'évidence partout, d'où vient tout le bruit qui s'est fait autour d'elle? qu'ont discuté nos grands corps de l'Etat, quand elle a été soumise à leur examen, et ces conciles européens devant lesquels elle a été portée? quelle vérité à défendre, quelle erreur à combattre ont fait descendre dans la lice, pour les mettre aux prises, les écrivains les plus éminents de notre époque? Ces luttes solennelles et si profondément passionnées n'ont-elles été que de vaines disputes, commencées, continuées et terminées dans le vide? Cela ne se peut! Il y a donc un problème en cause?

Oui, un problème existe, qu'il faut résoudre. Précisons-en tout d'abord les termes et l'objet.

Les auteurs et les artistes peuvent copier ou faire copier les œuvres dont ils ont la propriété, et vendre à leur profit les exemplaires ou les copies qu'ils en tirent.

Cette faculté est précisément celle qui a soulevé les tempêtes philosophiques, économiques, juridiques et morales, dont je parlais tout à l'heure. Quels seront, s'est-on demandé, les caractères et la durée de ce droit de copie ou de reproduction? Les auteurs et les artistes l'auront-ils *à l'exclusion de toute autre personne?* Dirons-nous au contraire qu'il appartient aux tiers tout autant qu'aux auteurs et aux artistes? Si nous le constituons *exclusif* en la personne des auteurs et des artistes, le laisserons-nous à *perpétuité* dans leurs familles, ou, quand ils l'ont aliéné, dans les familles de leurs cessionnaires? Là est, à peu de chose près, toute la loi à faire!

107. — Un raisonnement bien simple a été proposé.

La propriété littéraire et artistique, a-t-on dit, est perpétuelle;

Le droit d'exploiter commercialement l'œuvre sur laquelle elle est établie, en est l'un des attributs les plus importants;

Donc, il est comme elle perpétuel, la partie étant de même nature que le tout dont elle est détachée;

Donc, et à moins qu'ils n'en disposent au profit d'un tiers, les auteurs et les artistes auxquels il appartient le conservent à perpétuité, par eux-mêmes pendant leur vie, en la personne de leurs héritiers après leur mort.

S'ils vendent sans aucune réserve expresse, l'un, son manuscrit, l'autre, son tableau original, il pourra y avoir doute sur la question de savoir ce qu'ils auront ou ce qu'ils n'auront point aliéné ; la loi aura à s'expliquer sur ce point.

Mais quand ils aliènent, l'auteur, l'un des exemplaires de son ouvrage, l'artiste, l'une des copies de son tableau, n'est-il pas vrai qu'en ce cas, la modicité même du prix qu'ils stipulent implique certaines réserves et notamment la retenue du droit de copie ou de reproduction dont nous traitons ? Rien, par conséquent, ne saurait autoriser l'acquéreur avec lequel ils ont traité à reproduire, pour l'exploiter à son tour, l'exemplaire ou la copie qui est dans ses mains. Cette exploitation serait illicite ou frauduleuse, puisqu'elle aurait lieu à l'encontre du droit qu'il a implicitement consenti à laisser plein et entier en la personne de son vendeur (V., ci-dessus, les n°ˢ 70, 81 et 85).

108. — Cette argumentation ne m'a point convaincu : elle pèche par sa base même. Le droit de reproduire, pour l'exploiter, par les copies qu'on en tire, une œuvre littéraire ou artistique, ne fait point, en effet, partie de la propriété dont cette œuvre est l'objet : il existe à côté d'elle, mais il n'y est point compris. J'établirai, en effet, tout à l'heure, qu'à ne considérer que la nature des choses, il appartient non point privativement aux propriétaires de l'œuvre, mais, sans distinction de personnes, à tous ceux qui, en fait, la peuvent reproduire en la copiant (V., ci-dessous, les n°ˢ 112 et suiv.).

109. — Les anti-perpétuistes ont, eux aussi, à l'appui de leur thèse, un argument qui, selon eux, serait décisif.

La vente, disent-ils, subroge, quant à la chose vendue, l'acheteur au vendeur.

Toutefois, elle ne déplace que les droits qu'elle a pour objet ; ainsi, quand elle est faite sous certaines réserves, les droits réservés demeurent subsistants en la personne du vendeur : s'il n'a vendu que des droits de jouissance, la nue-propriété qu'il conserve demeure perpétuelle en ses mains ; que si, au contraire, la prérogative qu'il ne vend pas s'analyse en un droit de jouissance, cette prérogative de jouissance s'éteignant dès qu'il meurt (art. 617 et 625), dès ce moment se complète par là même la propriété de l'acheteur.

L'auteur qui vend l'un des exemplaires de son œuvre, ou l'artiste l'une des copies de son tableau, se réserve tacitement, nous en faisons l'aveu, le droit exclusif d'exploitation qu'implique la propriété qu'il transmet; mais ce droit, qu'est-ce, sinon un droit *de jouissance*, et, par conséquent, un droit essentiellement *viager?*

La loi à faire pourra, sans doute, décider que, bien qu'il s'analyse en une véritable prérogative de jouissance, il sera *perpétuel :* si cette dérogation au droit commun était nécessaire ou socialement utile, nous concevrions qu'on la fît; mais quelle nécessité ou quelle utilité si pressante nous contraint de faire de messieurs les auteurs et artistes des propriétaires *privilégiés?* Bien loin que le privilége dont on les veut investir ait sa raison légitime, il faut dire, au contraire, qu'il est irrationnel au premier chef, puisqu'il est de tout point incompatible avec le bien général. Partant il est impossible (V., ci-dessus, les n°⁵ 74 et suiv.).

110. — Dans l'ordre d'idées où l'on s'est placé pour le faire, ce raisonnement est rien moins que formidable. Il est bien vrai, pourra-t-on dire, qu'en ce qui regarde les biens ordinaires, des considérations d'intérêt général ont amené la loi à faire de l'*usufruit* et de l'*usage* des droits essentiellement *temporaires* (1); mais si elle s'est décidée à les constituer *viagers* et non *héréditaires*, c'est qu'elle a pu le faire sans amoindrir ou compromettre le domaine de propriété, ni nuire en aucune façon aux propriétaires en la personne desquels il réside. Quel dommage, en effet, leur cause-t-elle quand elle décrète qu'au cas où ils cèdent, moins l'*usufruit* ou l'*usage* qu'ils en détachent, la propriété dont ils sont investis, les droits qu'ils se réservent s'éteindront comme et avec eux? Cette extinction étant certaine et, à ce titre, toujours présente à la pensée du vendeur et de l'acheteur, le prix de vente sera toujours ce qu'il doit être, la représentation approximativement exacte de la valeur réelle de la chose vendue. C'est ce dont on se convaincra si l'on veut prendre garde que les vendeurs ne manquent jamais de faire remarquer à l'acheteur avec lequel ils contractent que, eux une fois morts, la propriété qu'il achète sera complète en sa personne, et qu'ainsi, *effectu inspecto*, ils lui cèdent *tout* leur droit, nu pendant qu'ils vivent, plein et entier après leur mort.

(1) V. mes *Répétitions écrites sur le Code Napoléon*, t. 1, n°⁵ 1492, 1493, 1616 et 1618.

Quand donc l'usufruit ou l'usage se détachera de leur personne pour venir en la sienne, *il ne l'aura pas pour rien,* puisqu'il l'aura réellement payé.

Les choses se passeront-elles de même si on établit que le droit d'exploitation que les auteurs et les artistes seront censés se réserver quand ils vendront un exemplaire ou une copie de leur œuvre s'éteindra avec eux? Point n'est besoin d'un grand effort d'esprit pour voir que, tout au contraire, cette disposition aura ce résultat, bizarre autant qu'injuste, que la vente *sera réputée comprendre ce que les parties n'y auront réellement pas compris,* et qu'ainsi une portion notable du patrimoine du vendeur passera *pour rien* dans le patrimoine de l'acheteur. Est-ce qu'en effet, l'auteur qui vend l'un des exemplaires de son œuvre songe au droit d'exploitation dont il est investi? L'acheteur y pense-t-il davantage? Si le vendeur offrait de l'aliéner et stipulait en retour un prix en rapport avec sa valeur, certainement l'acheteur refuserait de traiter. Que si, à l'inverse, l'acheteur déclarait qu'il entend l'acquérir, ou le vendeur ne se déciderait pas à le vendre, ou, s'il y consentait, ce ne serait qu'en échange d'un prix qui dépasserait de bien loin celui dont il se contente quand il vend, selon les conditions habituelles, un simple exemplaire. Or, s'il est constant que les parties ne l'ont point eu en vue, s'il est manifeste que, par son extrême modicité, le prix dont elles conviennent le laisse en dehors de leur contrat, qui ne voit que l'attribuer à l'acheteur, au décès du vendeur, ce serait le lui attribuer *pour rien* et, par conséquent, consacrer une énormité?

111. — L'argument que les antiperpétuistes ont tiré de la collaboration de la société avec l'auteur ou l'artiste est, selon moi, pleinement décisif (V., ci-dessus, les n°s 65 à 69). Mais, à mon sens, il n'est point nécessaire d'y recourir. Si le lecteur veut me suivre jusqu'au bout et peser avec une mûre attention le système, tout à fait radical, que je place sous ses yeux, ma conviction, je l'espère, deviendra la sienne.

112. — *A ne s'attacher qu'aux notions du droit naturel,* la faculté de reproduire, en la copiant, une œuvre littéraire ou artistique, et de vendre les copies qu'on en tire a sa racine ou son principe, non point dans *la propriété* à laquelle cette œuvre est assujettie, au profit de son auteur, mais dans *cette nécessité d'imitation* dont nous relevons tous.

La faculté dont je parle existe, par conséquent, *pour tout le monde,* aussi bien pour les tiers que pour le propriétaire de l'œuvre à copier.

Ces affirmations paraîtront paradoxales peut-être : l'évidence même ne convainc pas toujours. Des preuves, me dira-t-on, des preuves !

J'y arrive.

Dieu veut que l'homme vive corporellement et intellectuellement ;

L'homme doit donc faire tout ce qu'exigent la conservation et le perfectionnement de son être.

S'il le *doit*, il le *peut*, *devoir* et ne *point pouvoir* étant incompatibles par essence.

Ainsi, l'homme a le droit d'accomplir les actes, comme il a le droit de s'approprier les choses dont il a besoin pour vivre et se perfectionner.

Mais, pour accomplir sa fin, que faut-il absolument qu'il fasse? L'exacte observation de sa nature nous l'apprend. Pour vivre et se développer selon la loi qui lui est propre, il est essentiel, il est indispensable qu'il se meuve, qu'il pense et qu'il travaille ; il est non moins essentiel, non moins nécessaire qu'il étudie, afin qu'il les évite, quand ils sont mauvais, ou qu'il les reproduise et, s'il se peut, qu'il les perfectionne, quand ils sont utiles ou justes, les actes qu'accomplissent sous ses yeux ceux avec lesquels il vit. Que serait-il, en effet, si, retiré en lui-même et s'y concentrant, il demeurait incapable de voir, autour de lui, ce qui se fait, et d'imiter ce qu'il voit? Comment saurait-il ce que le soin de sa conservation et de son bien-être exige qu'il sache? Est-ce qu'il peut apprendre à se mouvoir sans regarder les autres marcher et s'étudier à faire comme eux ? Pour parler ne faut-il pas qu'il écoute et qu'il fasse effort pour reproduire les sons qu'il entend ? Dépourvu de l'instinct ou privé du droit d'imitation, l'homme serait au sein de la création comme une espèce de monstre dont on se détournerait avec effroi. S'il veut vivre selon sa nature, s'il veut grandir et se développer, il est essentiel qu'il emprunte à ses semblables, et, partant, qu'il les *copie* ou les imite. Regarder faire les autres, les copier, afin de les égaler, ou, s'il se peut, les dépasser, telle est la loi de l'humanité.

J'ose donc l'affirmer, le *droit de vie* implique le *droit de copie.*

113. — Les faits, au reste, parlent assez d'eux-mêmes. Que ceux qui ont l'esprit libre de tout préjugé et la conscience pure de tout intérêt les consultent : ils demeureront convaincus que dans l'ordre des actions humaines il n'y en a point qui soit plus universelle, plus permanente, plus quotidienne et plus nécessaire que *l'imitation des actes de l'homme par l'homme.* Cela s'est fait et se fera, non point à certaines époques, mais dans tous les temps, non point en certains pays, mais partout, non point accidentellement ou par quelques-uns, mais généralement et par chacun de nous.

Ce sauvage, plus avisé que les chasseurs au milieu desquels il vit, invente l'arc et la flèche : l'arc et la flèche qu'il fabrique lui sont certainement propres. Je n'ai pas besoin pour en être convaincu qu'on me le démontre, je le sens. Il me suffit de regarder en moi pour comprendre que si j'essayais de les lui ravir j'attenterais à sa personne même. J'entends ses cris d'aigle blessé, je vois la colère contracter sa face dans le suprême effort de la lutte ; je souffre de sa douleur : tout m'indique que l'action que j'accomplis est un crime !

Que je m'applique, au contraire, tout en le laissant jouir paisiblement de son arc et de sa flèche, à les bien comprendre et qu'après en avoir bien saisi la forme et le mécanisme je parvienne à les copier fidèlement, peut-être à les perfectionner, serai-je, ce faisant, sorti de mon droit? L'inventeur que j'aurai imité pourra-t-il, de par la loi naturelle qui nous régit, briser ou faire briser les armes que j'aurai fabriquées à l'exemple des siennes? J'appelle à délibérer sur ce cas les plus fins syllogistes, les esprits les plus subtils et les moralistes les plus quintessenciés ; qu'ils l'analysent, le décomposent, le scrutent et le regardent par toutes ses faces ; qu'après l'avoir pesé, médité et bien considéré, ils discutent, disputent, ergotent et dogmatisent tout à leur aise ; j'accepte leur jugement. Ma conscience et ma raison m'apprennent que nul parmi eux ne consentira à dire que *j'ai violé mon devoir.*

Et remarquez qu'on ne peut point m'objecter que si j'ai pu légitimement copier l'arc et la flèche dont j'ai vu l'inventeur faire usage, c'est que je l'ai pu *sans lui nuire.* Ce qui est, en effet, vrai, c'est qu'au contraire il aura à souffrir de la concurrence que désormais je pourrai lui faire à la chasse en y employant, à son exemple, les armes dont je lui dois le modèle. Je lui dispute son butin, je lui fais préjudice, il n'importe : la loi naturelle ne veut point qu'il ait *seul* le droit de chasser armé !

114. — Je vais plus loin. Les armes que j'ai fabriquées sont miennes; partant je puis les échanger contre d'autres valeurs ou les vendre.

Si je puis légitimement faire un arc et une flèche et, quand il ne me convient pas de les conserver pour mon propre usage, les aliéner, il est clair que ce ne sera point dépasser mon droit que répéter autant de fois que je le voudrai ce que j'aurai fait déjà. Je puis donc légitimement faire deux arcs et deux flèches; je puis en faire cent; je puis en faire mille, autant en un mot qu'il me plaît d'en faire et, si nombreux que soient mes produits, les vendre tous.

115. — Je vous vois appliquer à vos terres une méthode nouvelle d'exploitation et retirer de vos procédés de culture des profits considérables : si je vous imite et porte au marché, à côté des vôtres, les beaux produits que j'obtiendrai en vous copiant, ferai-je un acte *de malhonnête homme?* Je laisse au lecteur le soin de répondre.

Je vous vois construire une maison ; le plan et la distribution en sont nouveaux : si je construis une maison semblable à la vôtre et vous force, par ma concurrence, à diminuer le chiffre de vos loyers, serai-je, de par le droit naturel, un mauvais citoyen ?

Je vous vois appliquer, comme chirurgien, une ligature nouvelle et remarque que le malade s'en trouve bien : si je vous imite, violerai-je quelqu'une des lois de l'humanité ?

Si, en ces divers cas, les lois que nous appelons primordiales ou divines me condamnent, si ce que je fais est *immoral*, que Dieu me rappelle à lui : ma raison ne sait plus m'indiquer mon devoir ; ma conscience est troublée ; je suis indigne de vivre !

Mais je me rassure, il n'est pas un de mes lecteurs qui ne pense comme moi.

116. — Sachons donc le reconnaître, parmi les droits primordiaux il n'y en a point de plus évident, de plus éminent, de plus socialement fécond que la faculté de copier les produits des inventeurs industriels, agricoles, scientifiques, littéraires ou artistiques; de les perfectionner s'il se peut et de céder à

d'autres, contre argent, les produits similaires ou perfectionnés que nous tirons de notre propre travail.

Partant, il est manifeste que le droit qu'ont les auteurs et les artistes de copier ou de reproduire les œuvres qu'ils ont communiquées au public, et de vendre les copies qu'ils en tirent, n'a, *selon la loi naturelle*, rien d'*exclusif ;* ce qu'ils peuvent faire, toute autre personne le peut comme eux.

117. — Bien que les choses soient ainsi, selon la loi naturelle, je n'entends point en conclure que la loi à faire n'y doive rien changer. Mille raisons existent, en effet, qui font à la société un devoir d'écarter, dans l'intérêt de ceux dont elle attend des services de premier ordre, les déductions trop rigoureuses qu'impliquent les lois primordiales elles-mêmes quand pratiquement on les pousse à l'extrême. Loin donc que je la désapprouve quand je la vois décréter que le droit de copier, de reproduire et d'exploiter les œuvres littéraires et artistiques appartiendra à leurs auteurs, *exclusivement à toutes autres personnes,* j'estime, au contraire, que sa décision est sociétairement *nécessaire* et, partant, essentiellement *juste.*

Mais puisque la loi naturelle n'est point là qui la gêne ou l'oblige, sa liberté reste entière : elle pourrait, si l'impérieuse loi de sa conservation et de son développement l'exigeait, ne point concéder le droit qu'elle introduit; à bien plus forte raison, peut-elle, quand elle le constitue, le renfermer dans les limites où elle juge nécessaire de le contenir, et, par conséquent, si sa perpétuité lui semble dangereuse, le limiter dans sa durée : les droits *civils* sont, en effet, ce que les fait la société qui les crée, *perpétuels* ou *temporaires,* au mieux de son intérêt.

118. — Mais pourquoi s'attarder à ces notions du *pur droit naturel?* Je l'ai dit déjà, rien n'enchaîne, rien n'oblige la société, si ce n'est son propre principe, la loi de sa conservation ou de son développement progressif. De par son droit d'exister elle peut tout, tout ce sans quoi elle n'existerait pas ou n'existerait qu'informe ou malheureuse.

J'entends les philosophes crier au scandale ; ma proposition leur paraît offenser à la fois le bon sens et la morale. Considérez, disent-ils, quels affreux conseils cette prétendue loi de la nécessité a dans tous les temps donnés à ceux qu'elle inspire !

Quelles bassesses, quelles lâchetés, quelles turpitudes, quelles cruautés n'a-t-elle pas autorisées ? Marat l'invoquait ; Louis XI se mettait sous elle à couvert ; Robespierre en faisait la règle de sa conduite !

Tout cela est malheureusement vrai ; mais qu'est-ce que cela prouve ? De grands crimes, personne ne l'ignore, ont été commis sous le manteau de la morale ou au nom de la religion : quelqu'un en conclura-t-il que la morale et la religion sont mauvaises et détestables ? L'homme abuse de tout, même des meilleures choses !

Qu'on y réfléchisse sans parti pris, et on restera convaincu qu'il n'y a point de bonnes raisons à donner contre cet axiome populaire, tout de bon sens et d'évidence : *nécessité fait loi.*

Mais, me dit-on, Dieu ayant déposé en nos âmes les règles de l'immuable sagesse et de l'éternelle justice, toute la science du législateur doit consister à les déduire de notre nature ; dès qu'il les possède, il les doit proclamer, et, après les avoir organisées, veiller à leur exécution. Là est tout son devoir. S'il en sort, il ne fonde point *le droit*, il le viole. Au lieu de venir en aide à la société, il la pervertit.

119. — Il faudrait être ou bien corrompu ou bien inepte pour ne point reconnaître qu'en effet l'office du législateur doit consister à découvrir ce qui est vrai et juste pour en faire la loi. En ce point donc les philosophes ont raison. Oui, toute justice vient de Dieu ; oui, la justice doit être la loi ou la règle des actions humaines. Mais la justice, qu'est-ce ? à quels signes la reconnaîtrons-nous ? par quelle méthode d'investigation parviendrons-nous à la découvrir et à la comprendre ?

Les philosophes répondent : Tout ce qui est identique à la fin ou à la destinée de l'homme, telle que l'implique sa nature, est juste. Partant, quiconque veut savoir ce que c'est que la justice doit rechercher *ce qu'est l'homme*. C'est ce que fait Leibnitz quand il explique et justifie le principe d'hérédité *par l'immortalité de l'âme.*

Ainsi, une action étant donnée, cette action est-elle ou non juste ? Descendez en vous-même, étudiez votre être, cherchez votre fin ou votre destinée, comprenez, en un mot, ce que vous êtes, et le problème qui vous tient hésitant sera résolu.

Si cette action tend à votre fin, telle qu'elle résulte de votre nature, elle est juste; sinon, non.

120.—Voilà un critérium facile, infaillible surtout ! Depuis 3,000 ans les philosophes ont, le scalpel à la main et la loupe à l'œil, ouvert, taillé et décomposé l'homme jusque dans les recoins les plus cachés de son être ; ils ont mis à nu son cerveau, son cœur, ses entrailles ; rien n'a échappé à leur examen : qu'ont-ils appris ? Ils l'ont suivi moralement dans ses actes, ils ont analysé, pesé et médité ses tendances depuis le jour où il naît jusqu'au jour où il meurt : qu'ont-ils conclu ? Je ne dirai point, ce serait manquer de justice, que leurs recherches sont restées absolument stériles, que leurs conclusions sont entièrement vaines ou nulles ; mais tout au moins puis-je affirmer qu'ils n'ont jamais pu se mettre d'accord sur les points les plus essentiels de leur étude et qu'après avoir, pendant des siècles, tourné et retourné mille systèmes contradictoires sur notre nature, sur le but et le devoir de notre vie, ils ont, au lieu d'y faire la lumière, jeté dans nos esprits les plus douloureuses incertitudes.

A voir les épais nuages amoncelés autour de ces problèmes, on incline à penser que l'homme restera pour lui-même un éternel mystère. Notre nature serait, d'après Platon, comme une poésie énigmatique, ou, selon Cicéron, comme une peinture voilée et ténébreuse où viennent se jouer mille faux jours à exercer nos conjectures : *Latent istæ omnia crassis occulta et circumfusa tenebris.* Tel est également l'avis de saint Augustin. L'union de l'esprit à la matière est, dit-il, tout à fait merveilleuse ; nous ne pouvons point la comprendre ; et cependant, cette union, c'est l'homme : *modus quo corporibus adhærent spiritus... omnino mirus est, nec comprehendi ab homine potest ; et hoc ipse homo est !*

121. — Quoi qu'il en soit, il me semble manifeste que le critérium philosophique se rattache à de trop vagues et de trop mystérieuses conjectures pour se suffire à lui-même ; il lui faut, dans le domaine législatif, un complément. Cherchons-le.

L'homme ayant été créé pour vivre en rapport de société avec les autres hommes, tout ce qui est *sociétairement nécessaire* est identique à sa fin, telle que l'implique sa nature, et partant juste.

Toute loi à faire doit, par conséquent, avoir pour objet la conservation et le développement progressif de la société, ou, en autres termes, *le bien général.*

Mais, objectera-t-on, qu'est-ce que le bien général? Dire, d'une part, que la loi se doit proposer le bien social et taire, d'autre part, les signes auxquels on pourra reconnaître ce qui est ou ce qui n'est pas sociétairement nécessaire, c'est rester dans un cercle.

J'en fais l'aveu ; mais le législateur peut-il échapper aux pétitions de principe? quoi qu'il fasse, son critérium se résumera toujours en un cercle. Notre nature, notre fin, le juste et le vrai n'étant point susceptibles d'une définition précise et catégorique, quel que soit le point de vue auquel il s'attache, la certitude lui fera forcément défaut.

Le critérium philosophique et celui par lequel je le complète ont cela de commun que l'un de leurs termes s'analyse en un X ; mais tandis que les problèmes qu'implique la notion de notre nature et de notre fin sont comme enveloppés de ténèbres si épaisses qu'il semble qu'il n'y ait point d'esprit assez perçant pour les pénétrer, la question de savoir si tel acte est ou n'est point nécessaire au bonheur de la société, à sa tranquillité ou à son développement, se rattache à des faits, sinon toujours lumineux par eux-mêmes, au moins faciles à vérifier.

122. — Je maintiens donc ma donnée. Telle loi est proposée : dois-je l'admettre ?

Si elle est conforme à notre fin, telle que notre nature l'implique, je le dois : « L'ordre établi par le ciel, dit Confucius, s'appelle *nature ;* ce qui est conforme à la nature s'appelle *loi.* »

Si elle répond réellement à un véritable besoin social, je le dois encore : *utilitas, justi prope mater et œqui* (Horat., sat. 3, liv. I).

Des deux routes à suivre pour arriver à la vérité, la seconde est la plus sûre et la plus courte.

Je dis plus, j'affirme qu'il est impossible, quand on suit la première, de ne point rentrer, quoi qu'on fasse, dans la seconde. C'est ainsi que M. Thiers, bien qu'il se complaise aux abstractions métaphysiques, prend le soin de nous apprendre, dès le début de son travail, « qu'il part de ce principe que la

« propriété deviendra droit, droit bien démontré, si l'obser-
« vation de la société *révèle le besoin de cette institution, sa*
« *convenance, son utilité, en un mot, sa nécessité* (1). »

Montesquieu allait plus loin. Les législateurs, il n'hésite
point à l'enseigner, peuvent s'écarter du droit naturel, quand
les nécessités sociales l'exigent. C'est ainsi qu'ils ont dû, dit-
il, consacrer le droit de succession bien qu'il ne dérive point
de notre nature. La loi naturelle ordonne aux pères de nourrir
leurs enfants ; elle ne les oblige pas de les faire héritiers (2).

Pothier, et Demante qui suivait sa leçon, appartenaient à
cette école. Le droit de tester, ou plus généralement le droit
de transmettre nos biens aux parents qui nous survivent, répugne, disent-ils, à notre nature. La loi a dû néanmoins l'admettre pour le bien et le bonheur de l'humanité (3).

Ainsi, nos sages le reconnaissent, les nécessités sociales
peuvent légitimer des déviations aux lois naturelles.

C'est ce que paraît aussi penser notre savant maître M. Demolombe. Je le vois, en effet, soutenir, d'une part, qu'à ne
considérer que la nature des choses, la propriété littéraire
n'existe pas, et, d'autre part, que la loi qui la consacre est
équitable, puisqu'elle est nécessaire (4).

Veut-on enfin une autorité souveraine? je la puis donner!
Le Conseil d'Etat ayant à discuter la question de savoir si les
mines cachées dans les profondeurs de la terre appartiennent
au propriétaire du fonds qui les contient, ou si, au contraire,
on les doit considérer comme des *res nullius* dont l'Etat dispose au mieux de l'intérêt général, Napoléon fit prévaloir la
donnée suivante : Les mines appartiennent au propriétaire du
sol où elles se trouvent; néanmoins l'Etat peut les détacher
de la propriété du fonds et les concéder à ceux qui ont des
moyens suffisants pour les exploiter utilement.

Quand c'est un tiers qui en obtient la concession, une indemnité est attribuée au propriétaire du fonds dont on les sépare ; mais cette indemnité est si peu en rapport avec la va-

(1) *De la propriété*, p. 21.

(2) Liv. 27, chap. IV.

(3) Pothier, *Des donations entre-vifs*, art. préliminaire ; *Des donations testamentaires*, chap. 1, princip.; chap. 1, sect. 1, princip. — Demante, t. 4,
n° 18 *bis*, note 1.

(4) *De la propriété*, t. 1, nᵒˢ 537 à 539.

leur réelle de la mine concédée qu'on peut, sans rien exagérer, la considérer, à peu de choses près, comme nulle. Il ne faut voir en elle, selon l'heureuse expression de M. Michel Chevalier, qu'un coup de chapeau tiré devant le droit de propriété.

Comment Napoléon expliqua-t-il la distinction qu'il fit accepter entre la propriété superficielle et la propriété souterraine ? Sentit-il le besoin de s'appuyer sur la nature des choses ou sur la loi naturelle? Ce grand esprit se contenta d'invoquer la loi de la nécessité sociale ! « Sans doute, dit-il, rien « n'est saint et sacré comme la propriété ; mais pourquoi « cela? *parce que le principe fait le bien de la société;* et la « propriété des mines, si on la considérait comme inséparable « de la propriété du fonds, serait, au contraire, *funeste à la* « *société.* »

Je ne discute point ces doctrines ; si je les rapporte, c'est uniquement afin de montrer que, selon le sentiment des hommes illustres sous lesquels je me mets à couvert, les législateurs ne sont point tenus, quand ils discutent les propositions qui leur sont soumises, d'aborder les problèmes métaphysiques que soulève la détermination de notre nature et de notre fin ; il leur suffit d'observer la société et de connaître ses véritables besoins : si la loi proposée y est conforme, ils l'adoptent, sinon ils l'écartent (1).

Si j'avais quelque doute sur cette donnée, nos lois et notamment celles qui ont trait au règlement de nos droits sur nos biens ne me permettraient point de le garder; il n'en est, en effet, pas une qui n'ait interdit quelques-unes des facultés naturellement inhérentes au droit de propriété.

Or, ces interdictions « reposent toutes sur cette considération toute-puissante, aussi essentielle que nécessaire, à savoir, la prédominance, pour le plus grand bien de tous et de chacun, de l'intérêt général et collectif sur l'intérêt particulier et individuel (2). »

Dès lors je puis conclure :

(1) Telle était la donnée de Turgot. M. Batbie tient également que la *nécessité sociale* est la raison la plus puissante qui puisse être invoquée en faveur du droit. (V. *Turgot, Philosophe, Economiste et Administrateur,* par A. Batbie, p. 112, 119, 242, 257 et 258.)

(2) M. Demolombe, *De la propr.,* t. 1, nᵒ 554.

123. — La propriété littéraire et artistique est, au même titre que la propriété ordinaire, nécessaire au bien général ; cela me suffit pour l'admettre.

Sa transmissibilité aux héritiers testamentaires ou légitimes du propriétaire originaire est sociétairement utile non moins que la transmissibilité des biens d'une autre nature ; je l'accepte.

La perpétuité de la propriété ordinaire et l'intérêt de la société marchent d'accord ; je souscris à cet accord.

La perpétuité du droit concédé aux auteurs et aux artistes d'exploiter commercialement leurs œuvres à l'exclusion de toutes autres personnes serait sociétairement funeste ; je l'écarte : dès qu'il se sera écoulé un certain temps, 30 ou si l'on veut 50 ans après la mort de l'auteur ou de l'artiste en la personne duquel il aura pris naissance, ce droit fera, sans redevance aucune, retour au domaine public.

124.—Sur ce dernier chef, des objections me seront faites. On m'opposera que, selon l'essence même des choses, la propriété ne saurait être bornée par le temps. « Elle ne serait pas *du tout,* nous dit M. Demolombe, si elle n'était perpétuelle (1). »

Voilà une de ces bizarres allégations qui, venues on ne sait d'où, se faufilent, on ne sait comment, jusque sous la plume des savants qui les acceptent, on ne sait pourquoi. Leur apparente profondeur leur donne l'autorité des axiomes ; regardez-les de près, qu'y a-t-il au fond ? Rien !

Si, raisonnant par analogie, j'affirmais que les fonctions publiques sont à considérer comme inexistantes, puisqu'elles ne sont point héréditaires, que penserait-on de mon affirmation ?

Si, de par l'axiome établi, je concluais que l'usufruit n'existe pas, puisqu'il est viager, que penserait-on de ma conclusion ?

Si, poussant la logique jusqu'au bout, j'ajoutais : cent années ou le néant, c'est absolument la même chose, que penserait-on de mon théorème ?

Vous avez, je le suppose, publié, en plusieurs volumes, une histoire fort appréciée qui, bon an mal an, vous rapporte, durant un siècle, à 10,000 fr. par chaque année, un capital

____

(1) *De la propr.*, t. 1, nᵒˢ 539 et 546 ; *Donat. entre-vifs*, t. 1, nᵒ 4.

de 1,000,000 fr. : si je faisais cette équation, un million égale zéro, que penserait-on de mon arithmétique?

« La propriété ne serait pas du tout, si elle n'était perpétuelle. » Voilà l'axiome posé. Mais sa raison d'être, le pourquoi on le pose?

Je copie : « La perpétuité, nous dit-on, est de l'essence de la propriété ; cet attribut est une conséquence nécessaire du droit d'abuser (1). »

Je traduis : pour que la propriété existe, il est essentiel que le propriétaire puisse l'amoindrir, l'anéantir même, ou, plus généralement, *en mésuser;* ainsi, elle ne serait pas du tout, s'il n'avait le droit d'incendier sa maison, de jeter son argent à la mer, de saccager ses champs et de détruire ses récoltes !

Je conclus : la propriété ne serait pas, si elle n'était absolue ; selon nos lois, les propriétaires ne peuvent point faire de leurs biens tout ce que bon leur semble (V., ci-dessus, le n° 122, *in fine*); donc, en France, la propriété n'existe pas !

125. — M. Demolombe insiste. Si elle n'était perpétuelle, « la propriété ne remplirait pas les desseins de la Providence qui en a fait la base et le moyen de conservation des familles et des sociétés. »

Cette donnée est certainement fort belle, quant à l'expression ; au fond, on la peut ranger parmi ces exagérations de style, dont les écrivains, même les plus sages, ne savent pas toujours se garder. Qu'on dise que la propriété ne contribuerait qu'imparfaitement au bonheur de l'homme, si celui qui la tire de son travail n'avait l'assurance de la transmettre à ses enfants, du fond de mes entrailles une voix s'élève, qui m'affirme que cela est profondément vrai. Mais soutenir que mes enfants ne s'attacheront pas à moi, que je ne m'attacherai pas à eux, qu'ils n'auront pour moi aucun respect, que je n'aurai pour eux aucun dévouement, qu'en un mot, le sentiment que la nature a déposé dans nos cœurs pour nous unir et ne faire qu'un, s'y desséchera ; que, moi mort, ils ne sauront point vivre de leur propre vie, si, après qu'ils en auront joui pendant un demi-siècle, depuis mon décès, ils doivent rendre au domaine public les droits que je leur aurai

____

(1) Championnière et Rigaud, t. 4, n° 3483.

transmis, aller jusque-là, c'est, j'aime à le croire, mal comprendre le cœur humain et les besoins réels de la vie. Combien d'auteurs, que d'artistes surtout, n'ont d'autre fortune que la propriété *temporaire* que nos lois leur attribuent sur leurs œuvres! Croit-on pour cela qu'après eux leurs familles se dissoudront?

126. — « Sans le travail constant, opiniâtre *de tous ses membres,* la société, nous dit M. Thiers, resterait misérable. »

S'il est essentiel que l'homme travaille tant que ses forces le lui permettent, il est indispensable qu'il soit poussé à le faire par un attrait irrésistible.

Or, si la propriété n'était héréditaire et perpétuelle, il ne serait animé que d'une demi-ardeur à l'acquérir! la certitude qu'il en aurait personnellement l'entière et pleine utilité le ferait peut-être travailler une moitié de sa vie, mais elle ne le ferait point travailler sa vie entière.

Qu'il sache, au contraire, que les biens qu'il acquerra par son labeur demeureront à perpétuité dans le domaine de ses héritiers ou de leurs ayant-cause, et son activité sera infinie : il travaillera tant qu'il pourra et jusqu'à son dernier jour !

127. — Singulière distraction d'un homme de génie, qui, voulant que *tous* les membres de la société travaillent, non point seulement pendant leur jeunesse, mais jusqu'à leur dernier jour, fait tout au monde pour créer dans la société des familles antipathiques à toute espèce de travail ! Si *chacun de nous* ne travaillait opiniâtrément, la société serait en péril. Que faire pour l'en tirer? Que tous les hommes travaillent, cela semble logique ; mais écoutons notre philosophe : Travaille, dit-il à l'homme, travaille sans relâche, rudement, d'un soleil à l'autre, aujourd'hui, demain, tous les jours, meurs à la peine, *afin que ta postérité ne travaille point!*

M. Thiers s'est fait illusion. Il n'a point compris que, soit qu'on fasse la propriété héréditaire et perpétuelle, soit qu'on la borne dans sa durée, le résultat, quant au travail général, sera absolument le même. Si, en effet, le pauvre travaille jusqu'à son dernier jour, afin d'acquérir un gros patrimoine, ses héritiers, qu'il aura faits riches, ne travailleront pas ou ne travailleront que très-peu : ce que nous aurons gagné d'un côté, nous le perdrons de l'autre. Que si, au contraire, le pauvre se repose après avoir travaillé pendant un tiers ou la moitié de sa vie, ses héritiers, auxquels il ne transmettra qu'un patrimoine inachevé, demanderont à leur propre travail ce qui leur manquera : ce que nous aurons en moins d'un côté, nous l'aurons en plus de l'autre.

128. — M. Thiers soutient qu'il est socialement bon qu'il y ait des riches. Je partage son avis.

« C'est le riche, ajoute-t-il, qui contribue à former le pu-
« blic instruit pour lequel travaille le savant modeste et
« pauvre ; c'est lui qui a de vastes bibliothèques ; c'est lui qui
« lit Sophocle, Virgile, le Dante, Galilée, Descartes, Bossuet,
« Molière, Racine, Montesquieu, Voltaire. Si ce n'est lui, c'est
« chez lui, autour de lui, qu'on les lit, les goûte, les apprécie,
« et qu'on réunit cette société éclairée, polie, au goût exercé
« et fin, pour laquelle le génie chante et couvre la toile de
« couleurs. »

J'admire M. Thiers ; néanmoins je préférerais qu'il eût dit : Il serait à désirer que le savant, au lieu d'écrire spécialement pour le riche, écrivît pour tout le monde ; que le pauvre, comme le riche, eût sa bibliothèque ; que Sophocle, Virgile, le Dante, Galilée, Descartes, Bossuet, Molière, Racine, Montesquieu, Voltaire et, ajouterai-je de mon chef, notre grand historien M. Thiers, fussent, non point exclusivement aux mains des riches, mais dans toutes les mains, afin que tous, sans exception, pussent s'y former le goût et s'y moraliser en y puisant ce sentiment du beau et cet amour du bien que développent en nous les maîtres que Dieu a marqués du doigt pour embellir, éclairer et conduire l'humanité.

129. — J'entends partout répéter que les masses supportent avec impatience les dures nécessités qui les assiégent ; qu'elles entretiennent traîtreusement une haine farouche contre la société ; qu'en un mot rien n'égale les âpres convoitises qui les passionnent. On sent en elles un danger.

Tout cela est peut-être vrai ; mais à quoi tout cela tient-il ? Sachons le comprendre.

Qu'une lutte fratricide jette le deuil dans la cité, dès que le combat est fini on en cherche la cause. Pourquoi, se dit-on, tout ce ravage ? qui faut-il accuser et punir ? Le coupable, dit l'un, c'est la presse ; non, répond un autre, c'est le gouvernement. Ils se trompent tous les deux : le coupable, c'est *l'ignorance !*

Si les masses sont rongées de désirs impétueux, promptes au mal, peu résignées à la souffrance, avides de biens facilement amassés, antipathiques à toute contrainte, si elles s'enivrent aux sauvages vanités de la guerre, si pour elles tout mouvement qui les agite est un progrès, si elles se repaissent de chimères, si leurs rancunes sont tout le fond de leur poésie, si elles rèvent des revanches, *c'est qu'elles ne savent pas.*

Donc guerre à *l'ignorance.* C'est elle qui déprave les cœurs, dégrade les consciences et altère la raison.

L'ignorance, c'est l'implacable ennemie de Dieu et des hommes ; c'est le mal.

La misère est au corps social ce qu'était la lèpre au corps humain. Nous avons vaincu la lèpre ; la misère sera-t-elle éternelle ? Les philosophes et les économistes affirment qu'à son tour elle disparaîtra. C'est dans ce but qu'ils posent, scrutent, étudient, approfondissent et contredisent sans relâche toutes ces questions si arducs et si pressantes de liberté, de crédit, de salaire, de chômage, de circulation, de production, de consommation, de colonisation, et de désarmement. Que sortira-t-il de ce mouvement intellectuel ? Très-peu de bien, tant que l'humanité traînera attachée à ses flancs la bête fauve qui les déchire !

Donc guerre au monstre, guerre à *l'ignorance!*

130. — Chose singulière ! nous sentons tous le besoin de venir en aide aux classes pauvres. Il nous est impossible de voir d'un œil sec et l'âme en paix les sombres taudis où des familles entières s'enfouissent toutes vivantes pour échapper au froid de l'hiver. Les sordides chiffons dont leurs membres débiles sont à peine couverts nous poursuivent comme d'affreux fantômes, jusque dans le sommeil de nos nuits tranquilles. Au spectacle de leurs besoins toujours inassouvis et des souffrances physiques qui les vieillissent avant le temps, la société sent et apprend son devoir ; elle fait plus, elle le pratique. Nous avons des hôpitaux et des sœurs de charité pour les malades, des quêtes à domicile, des commissions dites des logements insalubres, des salles d'asile pour l'enfance, des maisons de retraite pour la vieillesse, des caisses d'épargne, des institutions de crédit, des travaux habilement ménagés qui préviennent les chômages ; nous construisons des maisons bien aérées, nous assainissons nos champs, nous

endiguons nos rivières, nous creusons des canaux, nous multiplions nos chemins de grande et petite communication, nous remuons le ciel et la terre pour avoir *la vie corporelle à bon marché*. Mais pour la nourriture et le développement de l'esprit, que faisons-nous? Quand j'aurai cité les écoles communales (1) où les enfants du pauvre sont reçus gratis, j'aurai tout dit.

Si nous voulons que l'humanité s'élève pacifiquement jusqu'au point de civilisation où elle doit monter, nous la devons *instruire*.

Qu'est-ce qui, en effet, nous rend forts, bons, sages, patients, indulgents et fraternels, antipathiques au mal et toujours près pour le bien? *le savoir!* Qu'est-ce qui, à la place de l'idée de vengeance, met l'idée de réconciliation? *le savoir!* Qu'est-ce qui fait aimer le travail, le rend facile et fécond? *le savoir!*

Savoir, c'est se rapprocher de Dieu.

Partant, tout homme qui ne fait point effort pour développer son esprit est hors sa voie; toute société qui ne fait point effort pour l'instruire est hors son devoir!

131. — Je voudrais donc, si cela se pouvait, que l'État répandît l'instruction partout et sous toutes les formes, qu'il développât partout ce sentiment invisible, obscurément perdu au plus profond des esprits, mais toujours présent et debout, éternel et sacré, l'idée du beau, cette splendeur qui rayonne à notre âme plus encore qu'à nos yeux; qu'il y eût partout des bibliothèques, partout des cours publics, partout des musées, partout des concerts, partout des spectacles où l'homme pût, pendant ses jours de repos, venir goûter des plaisirs tranquilles et délicats. L'occuper agréablement, dit M. Dupanloup, c'est en même temps que le charmer, l'élever, l'ennoblir, l'incliner aux sentiments généreux et partant le détourner des vulgarités et l'éloigner des bassesses.

132. — J'entends l'objection : oui, me dit-on, la société doit dépenser toute sa force, toute son intelligence, tout son bon vouloir pour que ces choses soient; mais pour qu'elles soient il faut quelque chose de plus, il faut des fonds et *l'argent manque!*

____

(1) 1018 communes sont encore sans école!

Hélas ! je le sais, la solution de ce problème, comme tous les grands problèmes de notre temps, implique une question financière considérable ; j'admets donc qu'on attende des temps meilleurs. Mais qui comprendra jamais que cette société qui ne peut point, *faute d'argent*, accomplir, pour l'instruction des masses, tout ce que sa sollicitude lui conseille, qui, si *sa pauvreté ne retenait son zèle*, créerait des bibliothèques dans chaque commune et des musées dans chaque canton, choisisse précisément ce moment pour *augmenter le prix des livres et des objets d'art?* Un obstacle existe, qui entrave l'humanité dans sa marche ; cet obstacle, on en viendrait à bout si on avait des fonds; mais, les fonds manquant, que fait-on ? ne pouvant point lever l'obstacle, on l'aggrave !

Je n'exagère rien, les chiffres le vont prouver.

Voici un livre qui, je le suppose, se vend 10 francs, à cinquante mille exemplaires par chaque année. Ce prix, je le suppose encore, représente 3 francs pour les frais d'impression et de publication, 3 francs pour le travail de l'auteur, 4 francs pour le profit de l'éditeur.

D'après les lois qui actuellement la régissent, la propriété littéraire ne durant, en moyenne, que 60 ans, dès que ce terme sera expiré, notre livre tombera de 10 fr. à 5 fr. environ. D'une part, en effet, nous n'aurons plus 3 fr. à payer pour droit d'auteur ; d'autre part, la concurrence s'établissant, le profit des éditeurs devra certainement baisser de 4 à 2 fr.

Le prix de notre livre sera ainsi réduit de moitié, ce qui naturellement doublera le nombre de ses acquéreurs. Au lieu de 50,000 lecteurs, il y en aura 100,000.

Ainsi, après cinquante ans d'existence, le prix des œuvres littéraires et artistiques baisse environ de moitié. Tel est l'état actuel des choses.

Cela posé, que demande-t-on ? Les perpétuistes les plus enthousiastes veulent que les livres et les objets d'art dont la valeur sera restée la même nonobstant l'antiquité de leur origine se vendent, après 1,000 ans et plus d'existence, tout aussi cher qu'on les aura vendus dès le principe. Ne leur parlez point de baisser les prix de leurs marchandises : toute diminution leur est antipathique.

Les auteurs du projet de loi sont moins inflexibles : selon

leur donnée, il ne s'agit plus que d'une perpétuité *mitigée*
(V., ci-dessus, les n⁰ˢ 30 et 71). Nous aurons donc, cinquante
ans après la mort des auteurs et des artistes, une diminution
dans le prix de leurs œuvres ; mais cette diminution sera à
peine sensible. D'une part, en effet, dès que s'éteint la propriété dont elles sont l'objet, on la fait revivre sous la forme
d'une redevance : le propriétaire recouvre ainsi par cette
voie, sinon pour le tout, au moins en grande partie, ce qu'on
lui enlève dans l'intérêt du public. D'autre part, la charge de
cette redevance à payer arrêtant toute spéculation ou concurrence, les héritiers ou les ayant-cause des auteurs et des artistes décédés seront les maîtres du marché, ce qui leur
permettra de maintenir, au même chiffre que par le passé,
le prix des œuvres dont, en fait, ils auront seuls l'exploitation.

133. — Je maintiens donc mon dire : les livres à bon marché font peur ; on en élève le prix. La pensée avait des ailes,
on lui met des entraves. Le droit de lire nos grands histo-
riens, de méditer nos moralistes ou nos philosophes devient
le privilége de la richesse. Toute la loi est là !

134.— Mais, me dit-on, ce que vous poursuivez est une expropriation pour cause d'utilité publique, une expropriation
sans indemnité pour ceux qui la subissent, partant, une spoliation ! Faites, si vous le pouvez, décréter un impôt dont chacun de nous supportera sa part, un impôt dit d'éducation populaire ; vous pourrez alors faire tomber très-bas le prix des
livres et des œuvres d'art. Votre but sera atteint et le droit respecté. Mais limiter dans sa durée la propriété intellectuelle,
faire cela sans indemniser les auteurs et les artistes en la personne desquels elle réside, c'est faire porter sur eux tout le
poids d'une charge qui, de sa nature, doit être publique ; c'est
violer leur droit !

A ce raisonnement, de bons esprits se laissent prendre. Il est
pourtant rien moins que sérieux. Une confusion fait tout le
fond de sa valeur.

Lorsqu'une propriété est légalement constituée et que l'Etat
a besoin d'acquérir, dans un but d'intérêt général, l'un des
innombrables objets qu'elle affecte privativement, il le doit
payer, cela est évident ; autrement, le bien public qu'il a en
vue serait obtenu au préjudice exclusif du propriétaire qu'il
évincerait : la justice serait violée !

Notre hypothèse est tout autre : la propriété littéraire et artistique étant temporaire selon le droit établi, il s'agit de savoir si nous la constituerons ou non perpétuelle ; c'est un problème législatif à résoudre. Or je l'ai démontré, toute question d'organisation sociale doit être résolue conformément au bien général. Dans l'espèce, la société estime que la perpétuité qu'on réclame lui serait funeste, elle l'écarte. Ce faisant, quel droit individuel viole-t-elle? où est le propriétaire qu'elle sacrifie? Sa disposition, étant générale, atteint tout le monde, vous et moi, tous ceux, en un mot, qui dans l'avenir acquerront la propriété d'un livre ou d'un objet d'art. Elle ne spolie personne; elle se défend !

135. — Je me résume:

Perpétuer, sous la forme d'une redevance, le droit d'exploitation que les auteurs et les artistes transmettent à leurs héritiers, c'est augmenter le prix des livres et des objets d'art ;

L'augmentation du prix des choses essentielles à la nourriture et au développement de l'esprit, c'est la perpétuité de l'ignorance ;

L'ignorance, c'est le mal ;

Donc, point de redevance (1) !

II. *De l'objet de la propriété intellectuelle.*

136. — Les auteurs et les artistes passent, nous l'avons vu, dans l'ordre des *propriétaires*. Nous savons, en outre, que, d'après la loi proposée, le droit d'exploiter leurs œuvres leur appartient, exclusivement à toute autre personne, tant qu'ils vivent ; que, eux morts, leur droit subsiste intact pendant cinquante ans au profit de leurs héritiers, et se perpétue, après ce temps, sous la forme d'une redevance. Mais quel est au

---

(1) A consulter, en ce sens, parmi les auteurs les plus modernes, MM. Pataille et Huguet, *Code internat. de la propr. industrielle...* ; Aubry et Rau sur Zachariæ., t. 2 (3me édit.), p. 153, note 6 ; Demolombe, t. 9, nos 537-539 ; Gournot, *Du principe des droits d'auteur* ; Proudhon, *Des majorats littéraires* ; Tailleur, *Revue pratique*, t. 16, p. 145 et s.; Herold, même *Revue*, t. 13, p. 394 et s. ; Quant aux auteurs qui tiennent pour la perpétuité, la phalange en est si considérable qu'il m'est impossible de la donner. M. Marschal l'a publiée dans son mémoire sur la perpétuité de la propriété intellectuelle.

juste *l'objet* de la propriété dont ils sont investis? Voilà
ce que je dois, philosophiquement, tout d'abord, examiner. .

Je l'ai laissé pressentir, je partage l'avis de ceux qui tiennent que l'auteur *ne produit point les idées* qu'il exprime, et
qu'ainsi elles sont hors son droit. Ce qui est à lui, c'est *ce
qu'il a fait;* ce qu'il a fait, c'est l'instrument par lequel il a
rendu visibles et saisissables les idées qu'il a dégagées de ce
fonds commun où elles existaient invisibles au vulgaire. Les
formes qu'il a employées dans ce but et la combinaison
de ces formes avec la matière qui leur a donné un corps, son
style, en un mot, son style matérialisé, voilà *son œuvre;* partant, voilà l'objet, tout l'objet de son droit. (V. ci-dessus les
n°ˢ 56 et suivants.)

137. — Cette distinction, a-t-on dit, n'est qu'une vaine et
détestable subtilité. Qu'on essaie de la généraliser et que l'on
considère jusqu'où elle nous conduit !

Voilà une terre qui n'appartient à personne, une terre stérile; je la travaille et l'arrose de mes sueurs; désormais elle
sera féconde : est-elle à moi? La réponse, dira-t-on, implique
une distinction. Deux choses, en effet, existent qu'il ne faut
point confondre, à savoir : le sol que vous avez façonné et la
valeur que vous lui avez donnée en le façonnant. Cette valeur
est *votre œuvre;* par conséquent, elle demeure *vôtre.* Le sol
auquel vous l'avez attachée est l'œuvre de la nature; partant
la nature le retient.

Continuons. La nature m'a fourni, je le suppose, un arbre
avec lequel j'ai fabriqué un arc et des flèches : ces armes sont-
elles à moi? Sachez distinguer, dira-t-on : la *forme* que cet
arbre a reçue de vos mains est à vous, puisqu'elle vient de
vous; cela est juste, cela est logique. Mais à quel titre le *bois*
que vous avez façonné serait-il vôtre? Là où s'arrête votre
produit, là s'arrête votre droit !

Si nous n'y prenions garde, nous serions ainsi amenés, de
proche en proche, sous la secrète puissance de cette logique
artificieuse, à nier toute espèce de propriété. Comment, en
effet, pourrai-je utiliser la valeur que j'ai créée par l'effort de
mon activité, si la matière que j'ai façonnée demeure hors de
mon domaine? Que me servira d'avoir la forme nouvelle sous
laquelle existera le sol où l'arbre dont j'aurai fait une utilité,
si ce sol ou cet arbre reste parmi les choses communes? Point

n'est besoin de réfléchir longtemps pour comprendre que la
forme que j'ai créée *fait corps* avec la matière qu'elle a utilisée, et qu'ainsi, de par l'étroite solidarité qui les unit, cette
forme et cette matière ne sont qu'une seule et même chose,
un tout unique. D'où forcément ce dilemme :

Ou l'ouvrier n'a droit à rien ou il a droit à tout.

Soutenir qu'il n'a privativement droit à rien, bien peu l'osent.
On tient donc généralement que le tout, forme et fond, lui
appartient. « Son produit fait corps avec le sol... qu'il a façonné ; il en est *inséparable;* dès lors il n'y a qu'un seul moyen
de ne l'en point dépouiller, c'est de lui permettre de posséder
à la fois, par droit d'accession, la matière qu'il a travaillée et
la valeur que son travail a créée (1). »

La nécessité même des choses vient ainsi au secours de la
justice, qui veut que l'ouvrier ait à lui, et à lui seul, l'utilité
qu'il a seul, par l'effort de son activité, tirée de la matière que
la nature lui a fournie.

Si cette appropriation par accession est, quant à la matière
proprement dite, légitime autant que nécessaire, que ne
l'applique-t-on au penseur qui, par son travail, utilise la matière intellectuelle? Y a-t-il une différence caractéristique
entre l'ouvrier qui façonne l'objet corporel que lui fournit la
nature et l'écrivain qui utilise, par la forme qu'il lui imprime,
l'idée qu'il tire du fonds commun ? Or, si leurs actes sont égaux,
pourquoi constituer inégalement les rémunérations qui leur
sont dues? (V., ci-dessus, les n°s 61 et suivants.)

138.—A cette prétendue analogie j'oppose deux différences
qui, selon moi du moins, sont radicales.

L'ouvrier qui façonne la terre, le bois ou le métal que la
nature lui a fourni, *possède* à la fois et la plus-value que son
travail a créée, et la matière à laquelle cette plus-value se
trouve jointe.

La matière qu'il a travaillée devrait rester hors de son
droit, s'il était possible de la détacher de la plus-value
qu'il a créée et qui est à lui. Mais cette séparation, comment la faire sans le violenter et méconnaître le droit qu le
rattache à l'une des deux choses dont il a fait un tout unique ?
Il est absolument nécessaire qu'il les conserve toutes les deux,

(1) M. Breuilier, *Du droit de perpétuité de la propriété intellectuelle,* p. 81.

puisque, si la matière qu'il a façonnée et *qu'il possède* pouvait lui être ravie, il se verrait par là même dépouiller de son produit. Comment, en effet, pourrait-il cultiver le champ qu'il a fécondé et l'utiliser à son profit, si un plus fort que lui pouvait l'en chasser pour s'y établir à son tour? L'agression de cet envahisseur serait d'ailleurs injuste au premier chef, puisqu'il n'agirait que pour se substituer individuellement au lieu et place du possesseur originaire (1).

La condition d'un auteur est tout autre. Qu'a-t-il fait? Il a décrit l'idée que, par l'effort de sa contemplation, il est parvenu à voir ; en la décrivant il a créé un instrument qui la rend visible à tous les yeux. Cet instrument, il l'a créé, il le possède, il est à lui. Y toucher sans son consentement, ce serait le violenter en sa personne. Mais l'idée qu'il a décrite, l'a-t-il créée? Nul ne le soutient. L'a-t-il au moins détachée du fonds commun où il l'a vue? La *possède-t-il* comme et avec son produit? L'a-t-il, en un mot, unie à son œuvre par un lien si étroit que nul ne puisse, sans lui faire violence et toucher à son produit, la posséder à son tour?

Je réponds :

L'idée qu'il a décrite est restée dans le fonds commun où il l'a vue ; *il ne la possède pas ;* elle n'est point *inséparablement* unie à son produit. Tout autre auteur peut, à son exemple, la découvrir, et, après l'avoir vue, la décrire à son tour sans le violenter, *ni toucher à son œuvre.*

A l'appui de ces affirmations, j'apporte des faits : comprenons-les bien, ils ne nous tromperont pas.

Biot concentra, c'est lui-même qui nous l'apprend, tout l'effort de sa jeunesse sur divers problèmes de géométrie qu'Euler avait vainement tenté de résoudre. Un mode particulier d'équation l'en rendit maître. Ce fut un grand succès et comme la première assise de sa fortune scientifique. Son triomphe bien établi, de Laplace qui le protégeait l'appela dans son cabinet, et, lui ayant montré une liasse de vieux papiers, le pria de jeter un instant les yeux sur un cahier de sa main, tout jauni par le temps. Le lecteur devine ce que notre

(1) Consultez à ce sujet M. Batbie, *Considérations sur Turgot*, p. 112, 119, 242 et 257.

jeune triomphateur y découvrit : il y trouva le problème d'Euler résolu par sa méthode d'équation dont il se croyait l'heureux inventeur !

Marcadé publie une explication de l'article 1138 du Code Napoléon ; il l'affirme nouvelle. Voilà, dit-il, bientôt quarante ans que cette disposition existe, et, jusqu'à ce jour, nul n'en a compris la véritable pensée. Combien, hélas ! il s'abusait. Cette idée, qu'il croyait nouvelle, était déjà vieille. M. Valette, qui, longtemps avant lui, l'avait découverte, l'enseignait à son cours, d'où elle était passée, avec l'indication de son origine, dans le commentaire de M. Boileux. Personne néanmoins ne fit à Marcadé l'injure de douter de lui. On demeura convaincu que l'idée que M. Valette avait déjà vue et décrite, lui, Marcadé, l'avait réellement découverte à son tour.

Montaigne exprime cette idée que *tout auteur emprunte aux auteurs qui l'ont précédé*. Je la retrouve chez Pascal ; Voltaire l'exprime à son tour ; Marmontel la décrit de son côté : les formules varient ; le fond des choses est partout le même. (V., ci-dessus, le n° 65.) Pascal, Voltaire et Marmontel ne seraient-ils que de vulgaires contrefacteurs ? Personne ne le croira ! Pascal, Voltaire et Marmontel ont donc réellement, chacun de son sôté, trouvé dans le fonds commun l'idée que Montaigne y avait déjà vue.

Voilà, si je ne me trompe, ma démonstration faite. De Laplace découvre une méthode d'équation qui lui donne la solution des problèmes géométriques d'Euler ; sa théorie écrite : il tient sous clef le manuscrit où il l'a exposée. Détient-il, par cela même, également sous clef, l'idée qu'il a décrite ? *La possède-t-il réellement ?* Faudra-t-il, pour la voir, lui faire violence, forcer son cabinet, briser son secrétaire et compulser son manuscrit ? Mais, s'il en était ainsi, comment Biot l'aurait-il découverte à son tour ? S'il l'a vue dans le fonds commun intellectuel, c'est qu'apparemment M. de Laplace l'y avait laissée. Si de Laplace l'y avait laissée, il n'en avait donc point *la possession exclusive !*

139. — Ainsi, ce point m'est acquis, plusieurs auteurs peuvent, chacun séparément, par un effort particulier de sa contemplation, voir la même idée et la décrire, chacun à sa façon, *sans rien prendre aux autres ni leur faire aucune violence.*

Où puiser alors, quant *à l'idée* qu'ils ont exprimée, le principe d'une appropriation individuelle? Auquel d'entre eux l'attribuera-t-on? A l'auteur qui l'a vue le premier ? Mais, s'il l'a publiée le second? A celui qui l'a publiée le premier? Mais qu'a-t-il fait de plus que les autres? A tous? Dix, vingt, cent auteurs et plus pourront donc être propriétaires de la même idée? Voilà où la logique nous conduira ! Or, qu'est-ce, je le demande, qu'un droit qui aujourd'hui est à moi, à moi seul, qui, demain, me sera commun avec un autre acquéreur, puis avec dix, plus tard avec vingt, et bientôt peut-être avec mille? N'est-il pas vrai qu'une propriété ainsi généralisée n'est vraiment qu'un *vanum et inane jus,* un titre destitué de tout principe et de toute réalité?

140. — Je conclus et me résume.

Un contemplateur découvre et exprime une idée : la *forme* dont il l'a revêtue est sienne; sienne, parce qu'elle vient de lui; sienne, parce que, la possédant réellement, ce serait lui faire violence qu'y toucher sans son consentement. (V., ci-dessus, le n° 136). Quant à l'idée qu'il a décrite, elle demeure hors de son domaine, 1° parce qu'elle n'est point *son œuvre;* 2° parce qu'il ne la possède pas; 3° parce qu'il n'est point nécessaire qu'elle devienne sienne comme et avec son produit. Cela n'est point nécessaire, puisqu'il peut, sans se l'approprier individuellement, je veux dire tout en la laissant dans le fonds commun où d'autres auteurs pourront la voir, utiliser le livre où il l'a décrite. Si d'autres voyants la décrivent à leur tour, aussi bien qu'il l'a fait lui-même, mieux peut-être, la valeur marchande de son œuvre se trouvera, sans doute, amoindrie; mais qu'y faire? il subira l'inexorable loi de la concurrence !

141. — Soit, me dira-t-on, nous admettons qu'un auteur qui exprime une idée n'en devient point propriétaire quant à ses rapports avec les contemplateurs qui, à son exemple, la découvrent, grâce à leur propre génie, dans le fonds intellectuel où il l'a vue lui-même; mais comment ne point la lui attribuer au regard de ceux qui ne l'ont vue que parce qu'ils l'ont lue dans le livre où il l'a décrite? Qu'on y réfléchisse ! Permettre à ces lecteurs de l'exprimer à leur tour et de l'exploiter commercialement, ce ne sera plus les autoriser à lui faire une libre et honnête concurrence : ce sera leur accorder *le droit de lui dérober le fruit de son travail.*

142.—Je n'admets point cette distinction. Si, quand j'exprime dans mon livre une idée que je trouve dans un autre ouvrage, j'indique son origine, quel reproche me peut-on faire? Par quel côté blessé-je la morale? On me dira que si je respecte la gloire de l'auteur que je cite, je lui fais pécuniairement préjudice, puisqu'en reproduisant l'idée qu'il m'a montrée, je puis détourner de son livre le public qui l'achèterait, si le mien n'existait pas. Mais qu'importe que je lui fasse préjudice, du moment que je ne fais qu'user de mon droit? Or, quand je lui laisse l'honneur d'avoir exprimé le premier l'idée que j'exprime à mon tour, mais autrement qu'il ne l'a fait, touché-je à son produit, *à son œuvre?* Ce qui est à lui, c'est, d'une part, l'honneur de sa découverte : le lui ai-je ravi? C'est, d'autre part, son style : le lui ai-je dérobé? Tout ce qui est sien, je l'ai scrupuleusement respecté. A quel titre, dès lors, se plaindrait-il? Il m'a, je le reconnais, montré, par son livre, l'idée que j'ai exprimée; mais le service qu'il m'a rendu en me la faisant voir, je le lui ai payé, puisque je lui ai donné le prix de l'exemplaire qu'il m'a vendu.

En somme, que s'est-il passé? L'auteur m'a vendu un instrument qui m'a permis de voir l'idée qu'il a découverte. L'idée vue, j'estime que l'instrument qui l'a mise sous mes yeux est défectueux; qu'en un mot, elle est mal décrite, et, partant, difficilement saisissable. Que fais-je alors? Afin de la mieux mettre en lumière, je compose et tire de mon propre fonds un livre vraiment nouveau, qui a ses qualités propres et son cachet particulier. Toutefois, et pour rendre à César ce qui est à César, j'ai le soin de prévenir ceux qui me lisent que l'idée que je leur montre a été découverte non par moi, mais par un autre dont je leur livre le nom.

Voilà ce que j'ai fait ! Mon travail n'est-il qu'un délit? Ai-je violé quelqu'une des lois de l'éternelle justice? Cet auteur a beaucoup travaillé; j'ai fait comme lui : à chacun de nous donc le fruit de sa peine. Mon œuvre amoindrit la sienne peut-être; tant mieux s'il en est ainsi. Tout le monde y gagne, puisqu'il y a progrès. L'auteur qui m'a précédé m'a, il est vrai, rendu service, puisqu'il m'a fait voir l'idée que j'ai décrite; mais, ce service payé,—et j'en ai, ainsi que je l'ai dit, soldé le prix, — quelle différence nous sépare?

Si c'est piller le bien d'autrui que reproduire dans le livre que je compose, en une forme qui réellement, sérieusement, honnêtement, m'est propre, et sous le nom des auteurs auxquels je les emprunte, les idées que me fournissent les livres que j'ai lus; si c'est blesser la morale qu'exposer, sans citer les auteurs qui les ont écrites avant moi, les idées qui se sont, comme d'elles-mêmes, placées sous ma plume, sans que je sache d'où et comment elles me sont venues; si tout cela est vrai, il n'y a pas un auteur qui ne soit un affreux coquin. Nous avons une philosophie de Descartes, une philosophie de Malebranche, une philosophie de Spinosa, de Kant, de Price, de Benthame, de Hobbes, de Smith, de Clarcke, de Volf, des philosophies par centaines de centaines : en est-il une seule qui soit, *quant au fond*, sortie du cerveau de son auteur absolument originale, comme Minerve est sortie tout armée du cerveau de Jupiter? Accorderons-nous à leurs auteurs le droit de poursuivre, partout où ils les pourront trouver, les lambeaux d'idées que leurs rivaux leur auront empruntés? Quelles guerres de revendications entre ces immortels !

L'auteur, avant d'écrire, a passé sa jeunesse à s'instruire ; il a vu les écrivains de son temps et il a discuté avec eux ; il a lu des volumes par centaines. Son instruction faite, il s'est mis à l'œuvre. Comment ses conceptions se sont-elles formées? où a-t-il puisé les idées qu'il a décrites? les doit-il à des emprunts, à ses souvenirs ou à l'effort de son propre génie? J'affirme qu'en général il ne le sait pas !

143. — Que ceux, au reste, qui croient à l'appropriation individuelle des idées considèrent jusqu'où ils se verront conduits, si, poussant droit leur donnée, ils la suivent dans ses conséquences naturelles ! S'il est vrai que les idées que j'exprime le premier deviennent miennes à l'exemple des choses corporelles que je façonne après les avoir tirées du fonds commun, il est clair qu'une fois cette analogie admise, on devra dire que, de même que le champ que je féconde en le défrichant passe, du fonds commun d'où je l'ai tiré, dans mon domaine privé, j'acquiers de même privativement le champ intellectuel ou le *sujet* historique, philosophique, juridique, romantique, poétique, économique ou autre auquel j'ai appliqué, pour le tirer du fonds commun où je l'ai trouvé vacant, tous les trésors de mon intelligence. Ainsi, M. Thiers occupe, le premier je le suppose, le champ historique des origines et

des faits de l'Empire français; il le laboure, il le féconde et y dépose le sceau particulier de son génie. L'en voilà, par conséquent, maître souverain ou littérairement *propriétaire.* Qu'un autre tente de s'y établir pour le labourer et le féconder à son tour, son effort ne sera que la grossière et immorale convoitise du bien d'autrui ; il aura commis un vol et on le punira comme un voleur ! disons dès lors que qu'il n'y aura pour toute la France, pour toute l'Europe qu'une seule histoire des traditions impériales : quiconque les voudra connaître et méditer devra passer par M. Thiers (1) !

J'ose l'affirmer, l'appropriation individuelle d'un *sujet* philosophique, historique, économique ou autre, est une utopie philosophiquement, moralement et socialement irréalisable. Vouloir ainsi inféoder la matière intellectuelle, c'est tout simplement vouloir confisquer la liberté humaine (2). Donc on reculera. Mais reculer sur ce chef, n'est-ce pas implicitement reconnaître que les *idées* sont elles-mêmes inappropriables?

144. — Ainsi, deux principes me paraissent philosophiquement certains :

1° Le *sujet* que développe un auteur ne devient pas *sa chose, son bien propre.* Tout autre auteur le peut, par conséquent, traiter à nouveau.

2° Les *idées* qu'il exprime ne passent point dans son domaine; partant, tout autre auteur les peut exprimer à son tour.

De ces deux données, la première est vraiment essentielle et d'ordre public. On devra donc la suivre, soit qu'on limite dans sa durée le droit pécuniaire de l'auteur sur son œuvre, soit qu'on le constitue perpétuel.

Quant à la seconde, je la maintiendrais dans toute sa rigueur, si le droit de l'auteur devait être établi pour durer jusqu'à la fin des siècles; ainsi, j'irais jusqu'à dire que, lors même que deux ouvrages écrits sur le même sujet sont, quant aux idées qui y sont exprimées, *absolument semblables,* l'auteur qui a écrit le second n'a point dépassé son droit.

(1) V., à ce sujet, M. Proudhon, *Des majorats littéraires,* p. 104, 105, 200, 201.

(2) V. M. Gournot, *Du principe des droits d'auteur,* p. 46.

Mais si, comme je l'espère, on se décide à limiter dans sa durée le droit exclusif d'exploitation que poursuivent les auteurs, la société devra leur faire une concession. Il me semble, en effet, qu'il sera bon alors, si l'on veut que le privilége ‑ de vente dont elle les investira · soit et demeure fructueux, qu'il soit expréssement dit que les emprunts qui leur seront faits *quant au fonds* deviendront illicites dès que, par leur étendue et leur importance, ils seront de nature à diminuer les profits pécuniaires qui leur sont légitimement dus.

III.

**Des droits des auteurs quant à leurs rapports avec le public,
avec leurs héritiers et leurs éditeurs.**

145. — En principe, nous l'avons admis, tant qu'un auteur existe et, après sa mort, tant qu'il ne s'est pas écoulé cinquante ans, nul n'a le droit de reproduire, en tout ou en partie, *le texte* de son livre.

A la prendre à la lettre et dans le sens absolu qui paraît lui être propre, cette donnée nous conduirait à des conséquences extrêmes que la raison et la justice condamnent. Nous ne l'appliquerons que sous les correctifs que comporte son objet sainement entendu ! Prenons des faits.

146. — Vous copiez le texte de mon livre et ne me citez pas : ce que vous faites est un délit. Si vous avez pris mon texte en son entier, je puis demander la suppression de votre livre. Si vous ne m'avez pillé qu'en partie, ce serait aller trop loin que m'accorder le droit de faire, même en ce cas, disparaître votre œuvre. Il me suffira d'obtenir la réparation qu'elle aura pu me causer quant à mon intérêt pécuniaire, ou tout au moins dans ma réputation d'auteur.

Toutefois, si vous l'éditez à nouveau, votre seconde édition ne devra point répéter le délit que contient la première ; sinon, j'en pourrai poursuivre la suppression.

147. — Vous copiez, en tout ou en partie, le texte de mon livre et me citez : en principe, ce que vous faites est encore un délit. Qu'importe, en effet, que vous me citiez ? vos citations sauvegardent, il est vrai, ma réputation d'auteur, mais sauvent-elles également le droit pécuniaire dont je suis investi ? Vous m'en dépouillez sinon absolument, au moins en

partie, puisque le détournement de mon œuvre va vous donner, par la concurrence que vous m'allez faire, une portion des bénéfices attachés à son exploitation. Je puis donc, comme dans la précédente hypothèse, exiger la suppression de votre livre, s'il n'est pour le tout que la reproduction du mien, ou des dommages et intérêts, si les emprunts que vous m'avez faits sont de nature à me nuire.

Sont de nature à me nuire...; il se peut, en effet, qu'ils soient tels que je n'aie aucun intérêt légitime à m'en plaindre, et là où l'intérêt fait défaut, l'action manque : *malitiis non est indulgendum.*

Peut-être m'objectera-t-on que la propriété étant *souveraine* est *absolument inviolable* et qu'ainsi un brin d'herbe vaut, en cette matière, un palais (**V.**, ci-dessus, le n° 64). Je ne sais si cette rigoureuse déduction de la souveraineté propriétaire est reçue quant au domaine terrestre; cela me paraît au moins douteux (1). Mais ce dont je suis sûr, c'est que cette extrême logique serait ridicule et mauvaise quant au domaine littéraire; cela me suffit pour l'écarter.

148. — Je dois aller plus loin. La propriété littéraire est sacrée, je le veux bien; mais est-elle si souverainement absolue que tout autre droit doive lui céder le pas? C'est ce que je ne saurais admettre. Parmi les prérogatives qui la dominent se placent au premier rang le droit *de discussion* et le droit *de critique.* Je n'emploierai point un temps superflu à le démontrer : *hœc est ipsissima veritas.* Or, si ces droits lui sont supérieurs, il est clair qu'elle les doit subir lors même que par leur application ils la blessent. Comment, en effet, critiquer un auteur, comment le discuter, sans présenter *textuellement* aux lecteurs qu'on prend pour juges ceux des passages les plus essentiels auxquels on s'attaque? Que je ne puisse pas, sous le masque d'une discussion, ou d'une critique déloyale, faire passer dans mon livre les morceaux les plus savants ou les plus utiles du sien et, par cet artifice, utiliser à mon profit le fruit de son travail, cela est évident; mais si ma critique est sérieuse-

---

(1) Je dois toutefois le reconnaître, la maxime *malitiis non est indulgendum* n'est point, selon la jurisprudence de la Cour de cassation, opposable aux propriétaires (Cass., 24 août 1852, *Gazette des tribunaux* du 25 août 1852). Tel est aussi le sentiment de M. Demolombe (t. IX, n° 350).

ment et honnêtement conduite, s'il est constant que l'amour de la vérité m'inspire et non l'âpre convoitise du bien d'autrui, à quel titre me reprochera-t-il les reproductions textuelles que l'exercice de mon droit aura rendues nécessaires? Qu'elles soient ou ne soient point dommageables, il n'importe, puisqu'elles sont justes !

148 *bis*. — Un point assez délicat nous reste à examiner. Selon notre droit commun, les usufruitiers et les usagers n'ont ni le droit de destruction ou le *jus abutendi*, ni même le droit de négligence ou le *jus non utendi*. S'ils abusent de la chose dont ils ont la jouissance ou s'ils la négligent pendant 30 ans, leur inaction est considérée comme une faute dont ils doivent supporter la peine. La loi, les voyant délaisser leur droit, le leur retire et le remet, afin de l'utiliser, à celui en la personne duquel réside le domaine dont il avait été détaché (art. 617, 618 et 625 C, N. — V. aussi l'art. 706).

Il semblerait, d'après cela et en suivant la même donnée, que les biens que les propriétaires n'utilisent point pendant 30 ans devraient leur échapper et revenir à l'Etat qui, moyennant argent, les remettrait aux mains d'un nouveau propriétaire. Il n'en est pas ainsi pourtant. La propriété ne se perd point *non utendo*. Votre champ est resté inculte pendant 30, 50 ans et plus ; toute la valeur qu'il tenait de votre travail antérieur en a disparu ; le voilà, je le suppose, ramené à son état primitif: il n'importe ; il est encore, il est toujours à vous !

Parmi les économistes et les philosophes, quelques-uns s'étonnent que les possesseurs du sol puissent, à leur volonté, le tenir indéfiniment improductif. Qu'on ne nous objecte point, disent-ils, que les forcer d'agir, ce serait les violenter et, par conséquent, violer en eux la liberté qui est sacrée. La liberté du bien est sacrée sans doute ; mais la liberté du mal l'est-elle également? Si le dommage que leur paresse entraîne ne devait point dépasser leur personne, nous dirions volontiers avec la loi : qu'ils soient paresseux, si telle est leur fantaisie ; mais ce dommage, c'est la société qui le subit !

Le jus *non utendi* n'est donc, *effectu inspecto*, que le droit de lèse-humanité.

149. — Il se peut que cette donnée soit juste ; mais je me hâte d'ajouter que, sa sagesse, sa logique et son utilité fus-

sent-elles constantes, on ne peut point l'appliquer à la propriété littéraire. Les droits *de destruction et de non-usage* ont, en effet, en cette matière, du moins dans la plupart des cas, une explication rationnelle et, partant, un fondement légitime.

Et d'abord point n'est besoin, je pense, de démontrer que l'œuvre simplement conçue échappe, par sa nature, à toute réglementation sociale ou légale.

Je la suppose écrite, mais non publiée: s'il la tient secrète, l'accusera-t-on de négligence ou d'oubli? Son inaction prolongée sera-t-elle un *non-usage*, une *faute*? A voir ainsi les choses, on rencontrerait juste une fois sur mille! Si l'auteur garde son œuvre en manuscrit, c'est que sans doute il la juge dangereuse pour la société, ou peu utile à cause des imperfections qui la déparent. Il la détruira peut-être; peut-être la refera-t-il; quant à présent, il ne sait. Or si son inaction peut ainsi s'analyser en un acte de prudence ou de conscience, comment l'obliger à en sortir? Ne le plaçons point, par la plus détestable contrainte, dans cette extrême alternative ou de sacrifier son intérêt, ou de faire un acte de malhonnête homme. Ce serait le mettre à la torture!

Ainsi, tant qu'il n'est pas en rapport avec le public, tant que son œuvre est dans ses mains, il peut tout : juge-t-il à propos de la modifier, rien ne l'en empêche . La tient-il pour détestable et indigne de lui, qu'il la supprime, si cela lui plaît. Préfère-t-il la conserver sans y toucher quant à présent, mais avec l'intention de la reprendre quand ses loisirs le lui permettront, qu'il attende, c'est son droit. Sa souveraineté d'auteur n'a point de limites!

150. — Il a, je le suppose, fait un traité avec un éditeur, mais pour une édition seulement. A peine s'est-il lié par sa signature que mille tourments viennent l'assaillir. Cette œuvre pour laquelle il était, au moment de son traité, plein d'enthousiasme, lui semble maintenant détestable quant au fond autant que ridicule quant à la forme. Le voilà, si elle devient publique, déshonoré et comme penseur et comme écrivain. Peut-il, si l'édition qu'il a vendue n'est pas encore sous presse, s'opposer à son tirage, sous l'offre, bien entendu, de payer à l'éditeur une somme équivalente au profit que lui procurerait l'exécution effective de son traité? Supposons l'é-

dition tirée : peut-il exiger que l'éditeur lui cède, au prix marchand, les exemplaires qu'il tient en magasin à la disposition du public, et, après les avoir acquis, les supprimer? Pourquoi non? Du moment qu'il rend son éditeur indemne, la loi le doit laisser dans la plénitude de sa liberté d'action ou d'inaction. Ce qui est à faire ou à ne pas faire regarde sa conscience, et, ce qui est de l'ordre de la conscience, doit rester en dehors de toute contrainte légale.

151. — Modifions notre hypothèse. Il a vendu son œuvre à un éditeur, non point seulement pour en tirer une édition, mais d'une manière absolue, sans limite aucune : peut-il, en ce cas, la reprendre sous l'offre de rendre son éditeur indemne? Je dis ici qu'il ne le peut pas. Il ne le peut pas, parce qu'il est impossible de déterminer, même approximativement, le total des bénéfices que l'éditeur pourra tirer de son traité, s'il le conserve : essayer une estimation, ce serait faire de l'arbitraire, et, par conséquent, risquer de nuire à l'éditeur, ce qui ne se doit pas.

Si l'auteur souffre moralement de voir les idées auxquelles il a attaché son nom se répandre de plus en plus, une ressource lui est ouverte : qu'il fasse une nouvelle œuvre et se critique lui-même. Son traité avec l'éditeur ne s'y oppose point. On ne saurait, en effet, admettre qu'un auteur peut s'engager à ne point appliquer son talent au triomphe des vérités qui, plus tard, viendront illuminer sa raison ou sa conscience : un tel engagement serait immoral, et, par conséquent, nul. L'éditeur aura peut-être à souffrir de la publication de l'œuvre nouvelle où l'auteur, se prenant lui-même à partie, s'attachera à démontrer que ceux-là accepteront l'erreur pour guide qui croiront aux doctrines de sa jeunesse; mais ce risque, l'éditeur s'y est volontairement soumis, puisqu'il a pu, et, par conséquent, dû le prévoir. Rien, dès lors, ne l'en peut affranchir.

152. — D'autres faits appellent notre attention. Un auteur, resté propriétaire de son œuvre, l'a livrée au public; des exemplaires par milliers en ont été tirés qui sont et passent dans toutes les mains. Ce succès qui, à l'origine, faisait son orgueil, fait aujourd'hui son désespoir. Les doctrines qu'il a répandues, il les déplore. S'il était jeune et fort, il les combattrait à outrance; mais l'âge est venu qui enchaîne sa vo-

lonté! Peut-il, étant en cet état, valablement défendre à ses héritiers de réimprimer son œuvre? Je suppose que, testant, il dise : « Je déclare renoncer au droit d'exploitation ou de réimpression dont je suis investi; en conséquence, mes héritiers devront s'abstenir de l'utiliser. Telle est ma dernière volonté. Afin qu'elle ait sa sanction, j'entends que mes héritiers, s'ils la violent, paient, à titre de récompense, la somme de..... à celui des auteurs qui, après ma mort, aura, mieux que tout autre, combattu les doctrines auxquelles j'ai si aveuglément attaché mon nom. L'académie de la ville de.... sera juge du concours. » Cette disposition devra-t-elle être respectée? Je dis sans hésiter qu'elle devra l'être. Cet auteur pense avoir erré; convaincu que ses erreurs peuvent être funestes à la société, il ne veut point que sa famille aggrave après lui le mal qu'il croit avoir fait et qu'il s'efforce de réparer autant qu'il est en lui. Y a-t-il en cela quelque chose qui pèche contre la morale ou l'ordre public? Sa volonté n'a rien que de très-rationnel et de très-honnête; partant, elle est sacrée.

153. — Un auteur a, par son testament, défendu à ses héritiers de rééditer son œuvre; il a fait plus, il a expressément déclaré qu'il la répudiait, et qu'ainsi il entendait qu'elle fût à jamais laissée dans l'oubli; cinquante ans se sont écoulés depuis son décès : les entrepreneurs de librairie peuvent-ils tirer son œuvre du néant et la rééditer contrairement à sa volonté?

Autre cas. Un auteur a édité, et, à plusieurs reprises, réédité son œuvre : les diverses éditions qu'il en a faites se distinguent par des différences tout à fait caractéristiques. Lorsque cinquante ans se seront écoulés depuis son décès, les éditeurs pourront-ils, laissant dans l'oubli son œuvre de la dernière heure, rééditer son œuvre originelle?

Sur ces deux chefs, l'affirmative me paraît manifeste. Toute œuvre vendue et livrée au public fait désormais partie de l'avoir collectif. Libre à l'auteur de faire telles œuvres nouvelles que sa conscience ou le soin de sa réputation lui suggéreront : qu'il s'amende, se rectifie et se rétracte même, c'est son droit. Quant à supprimer sa première œuvre, son pouvoir ne saurait aller jusque-là. Cette œuvre n'est plus à lui, puisqu'il l'a vendue et qu'il en a touché le prix. Dès lors, à quel titre pourrait-il en disposer?

Les libraires doivent, sans doute, attendre, avant d'utiliser

commercialement l'exemplaire qu'ils ont acheté et payé, que
le privilége de vente dont l'auteur et ses héritiers sont investis, soit expiré; mais, dès que ce privilége disparaît, rien n'entrave plus leur liberté d'agir.

Toutefois, la loi ferait bien, ce me semble, de tempérer,
par quelque accommodement dont l'équité lui fournirait la
donnée, ce que ces principes peuvent avoir de trop rigou-
reux. Ainsi je serais heureux de la voir accorder aux héritiers
de l'auteur le droit de faire imprimer, à leurs frais, en tète
des éditions publiées en dehors d'eux, un avertissement
où ils exposeraient les faits, déclarations et rétractations
que l'honneur du défunt leur commanderait de rendre publics.

154. — Je viens de dire que, par le fait de leur publication
et de la vente des exemplaires que l'auteur a mis dans le commerce, les œuvres littéraires passent dans le domaine public!
en faut-il conclure que, dès qu'expire le privilége de vente
dont l'auteur et ses héritiers sont investis, les libraires, les
éditeurs et les auteurs peuvent modifier ou faire modifier,
quant au fond et quant à la forme, l'œuvre qu'ils rééditent à
leur profit? je ne vais pas jusque-là. Si je ne me trompe, la
vente par laquelle l'auteur se dessaisit de ses œuvres au profit
du public est faite sous cette condition, tacitement entendue,
que ceux qui les rééditeront devront les laisser dans leur pureté originelle. Cette réserve n'a rien que de très-rationnel et
de très-juste ; puisse la loi la prendre sous sa sauvegarde!

Que, si on écarte ma donnée, tout au moins devra-t-on
décider que celui qui aura modifié ou fait modifier l'œuvre
qu'il rééditera, ne pourra ni la vendre uniquement sous le
nom de l'auteur originaire, ni exclusivement sous le sien
propre. Si, en effet, il la mettait en vente sous le nom de l'auteur originaire et sans indiquer les modifications, additions
ou suppressions qu'elle aura subies, il ferait deux choses également mauvaises : et d'abord il courrait le risque de nuire à
la réputation de l'auteur, ce qui serait peu juste ; en outre, il
vendrait, sous un nom d'emprunt, son propre travail, ce qui
serait frauduleux. Que si, au contraire, il la publiait uniquement
ment en son propre nom, il ferait encore deux choses également peu honnêtes, puisque, d'une part, il enlèverait à l'auteur dont il tairait le nom la gloire qui lui est légitimement

due, et que, d'autre part, il mentirait au public en lui présentant, comme étant entièrement sienne, une œuvre qui, en partie, serait à un autre. Je voudrais donc qu'il ne pût la publier que sous la condition de faire connaître tout à la fois et le nom de son auteur originaire et la nature des modifications qui en ont fait une œuvre nouvelle.

CHAPITRE II.

QUESTIONS ACCESSOIRES. — CODIFICATION.

On m'annonce que le conseil d'État, qui s'était montré peu favorable au projet, l'a décidément abandonné. La partie accessoire de mon travail n'a, par conséquent, plus d'objet : je la supprime. Toutefois, le lecteur trouvera à la table les divers points sur lesquels j'avais cru devoir appeler l'attention du législateur.

TABLE.

CHAPITRE II.

Questions accessoires. — Codification.

(Partie inédite.)

Imprimé par Charles Noblet, rue Soufflot, 18.

www.ingramcontent.com/pod-product-compliance
Ingram Content Group UK Ltd.
Pitfield, Milton Keynes, MK11 3LW, UK
UKHW022048070726
13613UKWH00002B/733